Wäre die Welt mein,
würden alle glücklich sein,
oder auch nicht, –
es kommt an auf die Sicht.

© 1993 by Atelier LILA
D-56459 Stockum-Püschen/Ww
Alle Rechte vorbehalten
Printed in Germany
ISBN 3-9802361-5-3

FLÖTENTÖNE

GEDICHTE VOM ATELIER LILA

gezeichnet von Renate, gedichtet von Eckehard

Namensgleichheiten mit lebenden
oder verstorbenen Personen sind
rein zufällig

Flötentöne

Manchmal hört man Flötentöne,
häufig schräge, selten schöne.
Ist das letztere der Fall,
lauscht man gerne ihrem Schall.

Dieser reget das Gemüt
an und auf und dabei sieht
bildlich man die Melodie:
Klang als Geistesenergie.

Andenklänge oder Pan,
jeder flötet, was er kann.
Ich versuche mit Gedichten
aus dem Leben zu berichten,

welches – hätte fast geflucht –
nichts, auch nichts ließ unversucht,
mir statt Wortes Lied zu singen,
Flötentöne beizubringen.

Habe nichts davon gehabt.
Musikalisch unbegabt
flöte ich in einem fort
weiter durch des Reimes Wort.

Der Krötenkönig

Es schwamm auf manchem stillen Teiche
manch armes Mägdelein
als eine Wasserleiche
im bleichen Mondenschein.

Ihr Herz war, ach, so tief betrübt:
Er hatte sie verlassen!
Nachdem er sie im Sturm geliebt –
es war nicht mehr zu fassen!

„Verläßt du, oh Geliebter, mich,
will ich nicht mehr bestehen!
Ins tiefe Wasser, fürchterlich,
will ich für immer gehen."

Sie ging und sank bis auf den Grund,
wohl zwanzig Meter tief.
Dort saß der Krötenkönig und
tat so, als wenn er schlief.

„Oh grausig Höllenantlitz, du!
Die Haut bedeckt mit Warzen!
Oh Wächter meiner letzten Ruh,
der Todesnacht, der schwarzen.

Du siehst, mein Herz vor Liebe glüht,
ein heilig rotes Feuer.
Mach, daß mein Auge Schönheit sieht
und nicht dich Ungeheuer!"

Da packte sie der Kröterich
und hob sie aus dem Teiche.
„Für dich ist wirklich nötig nicht,
zu werden eine Leiche!

Bist schöner als der Sonnenball,
du holde, reine Maid,
und dafür hat das Weltenall
noch Ewigkeiten Zeit!"

Es ging der Mann, es kam der Gott.
„Zeus bin ich!" sprach die Kröte.
„Nie spiele ich ein Lied zum Spott
auf meiner goldnen Flöte."

Dann warf er ab das garstig Kleid
und nahm sie bei der Hand,
und ganz erschrocken ward die Maid,
als ihr Geliebter vor ihr stand.

Der falsche Stolz

Ein Schimmel ist nicht stolz darauf,
ein weißes Pferd zu sein.
Auf eleganten Gang und Lauf
bildet er sich nichts ein.

Es ist, fürwahr, ein schönes Pferd
und herrlich anzusehn!
Der Reiter, der zu ihm gehört,
ist fast wie er so schön.

Doch der ist eitel und auch stolz
und blickt vom hohen Roß herab
zum Fußknecht, und der denkt: „Ich wollt's,
er fiel vom Pferd herab!"

Da stolpert auch der Schimmel schon!
Ein Schrei! Ein Fall! Ein Stöhnen!
Des bösen Wunsches schneller Lohn:
Aus ist es mit dem schönen,

dem schönen, stolzen Reitersmann.
Er liegt dem Knecht zu Füßen!
Dem Schimmel sieht man gar nichts an,
die Schönheit schreitet froh voran;
der falsche Stolz muß büßen!

Der Knecht, – ob der Gedankentat –
sich vor sich selbst erschrocken hat!
Er knieet hilfreich nieder,
sie gutzumachen wieder!

Mit Gips und Stock und Humpelbein
traf später er den Reitersmann.
Der sagte zu ihm: „Ist's nicht fein,
daß ich bald wieder reiten kann?

Nie möchte ich als Fußknecht leben,
als niedres Volk im Staube!
Geboren bin ich, um zu schweben!
Das ist's, woran ich glaube!"

Und siehe da, nach drei, vier Wochen,
da wuchs zusammen, was gebrochen.
Und mit des Pferdes allen Vieren
sieht man den Reiter galoppieren.

Erneut blickt unser Reitersmann
vom hohen Roß die Welt sich an.
Es fegt der Knecht den Hof und Stall:
Der Hochmut kommt auch nach dem Fall.

Gebet eines rheumatischen Millionärs

Ich danke Gott für Speis und Trank
und für das Geld im Panzerschrank.
Doch, lieber Gott, faß Dir ein Herz,
und nimm mir den verdammten Schmerz,
der ständig durch die Glieder zieht,
daß man im Glück mich weinen sieht
und ich schon knirsche mit den Zähnen.
Mach aus den Leidens- Freudentränen.
Ich gebe die Millionen hin,
wenn ich nur ohne Schmerzen bin!

Freiheit

Ihr könnt machen, was ihr wollt,
nur nicht tun, was ihr nicht sollt.
Ihr dürft denken, lieben, malen
oder aus den Wolken fallen.
Nur nicht morden und nicht streiten
dürft ihr und nicht Schmerz bereiten.
Ihr könnt machen, was ihr wollt,
nur nicht tun, was ihr nicht sollt.

Ich könnt machen, was ihr wollt,
nur nicht tun, was ihr nicht sollt.
Ihr dürft putzen, schuften, zahlen
oder sterben unter Qualen.
Nur nicht zweifeln, daß das Leben
euch zur Freude ist gegeben.
Ihr könnt machen, was ihr wollt,
nur nicht tun, was ihr nicht sollt.

Der weise und der reiche Mann

Zu einem Weisen ging ein Mann,
ein reicher, der sehr viel besaß,
und sagte zu ihm: „Hör mich an!
Besitztum, – was bedeutet das?"

Der Weise sah ihn prüfend an,
vom Kopf bis hin zum Fuß.
Nach einer Weile sprach er dann:
„Wer's wissen will, der muß!

Es kommt drauf an, was du besitzt,
wie du daran gekommen
und wem dein Reichtum noch was nützt
und wem du ihn genommen;

zu welchem Zweck und welchem Ziel
man diesen dann gebraucht.
Es wird die Frage diffizil,
je tiefer ein man taucht.

Vorausgesetzt, daß man sein eigen
nur nennen kann, was selbst man schuf,
kann keiner auf sich selber zeigen,
so schlecht ist des Besitztums Ruf.

Und doch, wer wird die Macht schon meiden,
die ihm das Schicksal gab,
auf Grund der „eignen" Fähigkeiten,
die leider Freude nur bereiten
bis an das kühle Grab.

Mir eignet nur das schwarze Leer,
und es gehört mir, was ich seh:
das Land, der Himmel und das Meer
und daß – wie sie – ich nie vergeh!"

So sprach zum reichen Mann der Weise,
grüßte, und dann ging er leise.
Der reiche Mann ihm hinterher,
der Geldsack aber drückte schwer.

Sie zogen in die weite Welt.
Es endet hier der Weisheit Schwank.
Der Geldsack wurde abgestellt
und bringt jetzt Zinsen auf der Bank.

Todmüde

Im Nichts-vertan der ganze Tag!
Die Sonne sank und ich ins Bett.
Auf dem Gemüte aber lag
des Nichstuns Schwermut, wie ein Brett.

Die Glieder schwer wie pures Blei,
die Kissen weich und warm.
Zum Glück war dieser Tag vorbei
und mit ihm auch sein Harm.

Es kam der Schlaf auf leisen Sohlen
zur Müdigkeit, so wie der Tod.
Unwiderstehlich und verstohlen,
hypnotisch sein Gebot.

Ich dachte noch: „Wie leer das Leben
des Menschen ist und ohne Sinn."
Da fing das Bett an wild zu beben
und fuhr nach unten hin!

So wie des Bergwerks Fahrwerk braust,
so ging es in den Schacht:
Ein Fahrstuhl, der nach unten saust,
in rabenschwarze Nacht!

Zum Glück – von unsichtbarer Hand –
war mir ein Grubenlicht gegeben.
So sah ich denn des Schachtes Wand
und war bewußt zu leben.

Mein Gott! Mein Gott! Ist das der Schlaf?
Mir fielen alle Sünden ein!
Was, wenn der Tod mich gerade traf?
Das soll und darf und kann nicht sein!

Doch nützte hier kein Lamentieren.
Ich hab bei mir gedacht:
„Sei's, wie es sei. Dramatisieren
ist jetzt nicht angebracht.

Blick um dich, Freund", hab ich gesagt,
„und schau dir alles an."
Doch habe mich dabei gefragt,
ob ich das jetzt noch kann;

denn abwärts ging es, tief und tiefer,
bis hin zur Sohle mit dem Schiefer.
Und nach der grauen Schiefersohle
hin bis zu jener mit der Kohle.

Nach dieser kamen Felsgesteine,
Quarz, Feldspat und auch Glimmer.
Und plötzlich sah im Lampenscheine
ich edler Steine Schimmer:

den Rosenquarz, das Bergkristall
und eine Ader aus Opal!
Und hinter jener endlich fanden
die Augen rohe Diamanten,

wie Kinderfäuste, riesengroß!
Doch war das hier bedeutungslos,
weil's ständig weiter abwärts ging.
Ich gab schon keinen Pfifferling

um mich mehr und mein Leben.
Das Herze tat mir beben.
Ich dachte an die Lavaglut,
die in der Erde glühen tut.

Ich fiel nach unten, wie ein Stein
im freien Fall, mit Bettgestell.
Dann trat die Ohnmacht bei mir ein,
und ringsum ward es hell.

Die Sonne schien mir ins Gesicht!
Ein neuer Tag begann!
Jedoch war ich derselbe nicht,
wie man sich denken kann.

Des Nichtstuns Schwermut war dahin,
und ich bin froh, daß ich noch bin!

Familie im Herbst

Wenn um das Haus die Stürme brausen,
dann läßt sich gut im Hause hausen.
Die Katz liegt auf der Fensterbank,
geöffnet ist der Bücherschrank.
Die Lampe brennt am Mittag schon.
Musik gehört zum guten Ton.
Das Essen dampft. Es riecht nach Plätzchen.
Der Vater nennt die Mutter „Schätzchen".
Die Oma liest ein Märchen vor,
die Kinder sind dabei ganz Ohr.
Der Opa ist grad eingeschlafen
– er streichelte den Hund, den braven.
Das Telefon steht stumm und still,
weil keiner etwas von uns will.
Da denkt klein Fritzchen vor sich hin:
„Ist das der ganze Lebenssinn?"

Mitternacht oder Der Geist der Stille

Es rauscht zur Mitternacht die Stille in den Ohren.
Vielleicht ist's auch das Blut, das durch die Adern rinnt.
Auf jeden Fall fühlt der sich wohl verloren,
für den ein Tag mit Stille endet, der nächste still beginnt.

Als er so aufgestützten Hauptes
am Tische sitzt, vor sich ein Blatt Papier,
fühlt er im Raum ein Wesen, jedenfalls er glaubt es.
Halb offen ließ beim Eintritt er des Balkones Tür.

Dann schlägt die Uhr – zwölfmal und ziemlich laut.
Wie Hammerschläge dröhnt im Ohr der Gong!
Und als erschreckt er um sich schaut,
da sieht er ihn – den Geist! Auf dem Balkon!

Es sträubt das Haar sich ihm und steht zu Berge!
„Das kann nicht sein! – Bleib rational!"
befiehlt er sich. Und dann: „Verberge
den Schrecken, und faß dich erst einmal!"

Er holt tief Luft und kneift sich in die Wange,
blickt dabei unverwandt zum Geiste hin.
Es rinnt die Zeit. – Er weiß nicht mehr wie lange.
Da spricht der Geist: „Du fragst dich, wer ich bin?"

„Fürwahr! – Das tu ich! – Kannst du es mir verdenken?
Nie sah zuvor ich Wesen aus der andren Welt!
Für Spuk hielt ich, den Sinn darauf zu lenken,
bin unerwartet, Geist, vor dich gestellt!"

„Was soll's?" sprach da der Geist. „Ich bin der Geist der Stille.
Bin du, wie du ich bist – seit Ewigkeiten!
Es ist des höchsten Herrn des Universums Wille,
dir mit der Stille keinen Schmerz mehr zu bereiten.

Drum sandt' er mich zu dir – wahrnehmbar.
Ich soll nun bei dir bleiben – immerdar.
Und wenn du irgendeine Frage hast, dann frage.
Mir ist befohlen, daß ich Antwort sage."

„Das ist die Rettung aus der Sinnentleerung!"
rief er. „Du bist des Lebens tiefster Grund!
Zu Ende ist die geistige Entbehrung!"
Es schlug erneut die Uhr. Einmal! Es war
       des neuen Tages erste Stund.

Was dann geschah, ist kaum noch zu beschreiben.
Er wollte immer in der Stille bleiben!
Für immer ließ der Geist sich in ihm nieder
und sang aus seinem Munde die allerschönsten Lieder.

Er schrieb sie auf, ganz wortgetreu,
damit ein jeder etwas davon hat.
Es war uralt und doch so neu –
des Geistes Urdiktat.

      Der arbeitslose Totengräber

    Ein Totengräber, auf den Spaten
    gestützt, warf einen letzten Blick
    ins Loch – es war ihm gut geraten!
    Er war ein Fachmann mit Geschick.

Schon dreiunddreißig Jahre lang
grub er im Dienste der Gemeinde.
Die gab ihm Lohn, doch keinen Dank;
man hat nicht gern zum Freunde

vom Friedhofsdienst den Spatenknecht.
Der fand auch keine Frau!
So lebte er mehr schlecht als recht,
doch wußte er genau,

daß ihm, wie gut und schlecht die Zeit
auch immer kam und war,
die Not der Arbeitslosigkeit
nie wurde zur Gefahr.

So bot ihm Sicherheit der Tod
für sein bescheidnes Leben.
Nur Krieg und manche Hungersnot
ließ den Verdienst anheben.

Und da der Tod sein bester Freund
und ihm stets wohlgesonnen,
hat er es immer gut gemeint,
wenn er – 's dem Freund zu lohnen –

des öftren viele sterben ließ,
auf diese oder jene Art.
Das Leben war kein Hindernis.
Er hat da nie gespart!

Der Totengräber – im Akkord –
grub nicht mehr ganz so akkurat.
Bei Seuchen und bei Massenmord
ist Tempo obligat!

So kam denn der Gemeinderat
zum Schluß, daß man Maschinen
in Zukunft einzusetzen hat,
die schnell und billig dienen!

„Holt einen Schaufelbagger her!
Entlaßt den Totengräber!
Wir brauchen diesen Mann nicht mehr!"
So sprach der Arbeitgeber.

Der Totengräber, auf den Spaten
gestützt, warf einen letzten Blick
ins Loch – es war nicht gut geraten,
sein eigenes Geschick!

Und die Moral von dem Gedicht:
Mach Dir den Tod zum Freunde nicht!
Durch seine Liebe, grenzenlos,
verliert man nicht die Arbeit bloß!

Bewußtes Leben

In den Augen eines Toten
bin auch ich ein toter Mann.
Und es ist mir nicht verboten,
daß ich daran denken kann.
Deshalb will ich tüchtig leben,
wild drauflos und ohne Scheu,
grünes Gras den Pferden geben,
sommertags, im Winter Heu.
Keiner ist umsonst geboren;
selbst ein Floh hat seinen Sinn:
saugend sich ins Fleisch zu bohren,
daß ich spüre: „Ja! – Ich bin!"

Winter im Westerwald

Es ist so kalt im Westerwald,
und kalt wehn auch die Winde.
Wann blüht denn endlich wieder bald
die dicke, alte Linde?

Es ist so kalt im Westerwald.
Leg in den Ofen Kohlen!
Denn sonst erfriert das Herze bald.
Es rufen schon die Dohlen!

Es ist so kalt im Westerwald.
Im Wirtshaus ist was los.
Gesangvereines Lied erschallt.
Vom Winter singt man bloß.

Wer hat nur dieses Land gemacht,
die langen Winterstunden,
die schwarze, dunkle Winternacht,
die es zuletzt dazu gebracht,
daß ich mich selbst gefunden.

Der freie Knabe

„Spring, mein Söhnchen!" rief der Vater.
„Auf das Pferdchen, das dort steht!
Und dann – ohne viel Theater –
lernst du, wie das Reiten geht!

Hü und hott und beide Beinchen
mit den Fersen in die Seiten.
Und schon lernt mein Sonnenscheinchen,
allerliebstes Söhnchen, reiten!

Linksherum und rechtsherum.
Vorwärts, rückwärts, Trab, Galopp!
Ach, mein Söhnchen ist nicht dumm!
Seht! Es reitet! Hopp, hopp, hopp!"

Durch die Wälder, über Auen
sieht man's Söhnchen reitend fliegen.
Und die ersten Mädchen schauen,
ob sie's nicht ins Bettchen kriegen.

Söhnchen ward ein holder Knabe,
eins mit seinem Pferd.
Und der Vater rief: „Ich habe
– und ich schwör's bei meinem Grabe –
so was nie gesehn, gehört!"

Glanz im Auge, wehend Haar!
Wohlgeformt vom Fuß bis Scheitel.
Und der schöne Knabe war
deshalb nicht mal eitel!

Kühn geschnitten das Gesicht.
Blick gerichtet in die Ferne.
Knäbleins Schönheit: ein Gedicht!
Und bisher gesehen nicht
auf dem Erdensterne!

Zähnchen – wie aus Porzellan!
Händchen – alabasterfein!
Alle, die den Knaben sahn,
waren von ihm angetan;
mehr noch obendrein!

Ganz zu schweigen von den Kleidern,
die er trug an seinem Leibe!
Von den allerbesten Schneidern,
deren Werk ich nicht beschreibe,

da dies sonst vom Wesen ab –
lenken könnte, das beschrieben
werden muß. Sein Anblick gab,
zwangvoll es und ihn zu lieben!

Selbst das Pferd, das stolz ihn trug,
war mit ihm aus einem Guß.
Mädchen – im Gedankenflug –
sandten Knäblein manchen Kuß!

Keine konnte sich verwehren
seinem Liebreiz, seinem Charme,
mußte offen ihn verehren;
wünschte sich in seinen Arm!

Knäblein dachte nicht daran,
ihnen zuzuwinken.

Lächelte zwar dann und wann,
sah sich keine näher an,
ließ die Lider sinken;

wenn das Feuer aus den Augen
ihn auch manchmal fast verbrannte,
ihn die Blicke einzusaugen
drohten, ja, dann kannte

er nur eines: Hü und hopp!
Pferdchen kriegt die Sporen
in die Seite. Im Galopp
ging es – ungeschoren –

durch die Wälder, über Auen,
ab ins weite, weite Land,
wo er – sag's euch im Vertrauen –
absolute Freiheit fand!

Mädchen haben zwar geweint
– schienen auch untröstlich –
aber später doch gemeint,
daß die Trauer nur versteint,

Leben sei zu köstlich,
um es leidend zu verbringen.
Fingen an ein Lied zu singen,
andre Burschen taten's hören,

ließen sich ganz leicht betören,
lernten reiten, um sodann
das zu tun, was jeder kann,
ohne daß er's will – er muß!
Freier Knabe! – Gott zum Gruß!

Der Baum und der Wald

Es wächst der starke Baum allein
auf weiter, grüner Flur.
Im Walde reihet er sich ein
in Kollektivs Natur.
Ein jeder denke für sich still,
wie und auch wo er wachsen will:
Im Walde, wo der Nachbar stützt
und er ganz sicher steht?
Auf weiter Flur, wo's stürmt und blitzt
und mancher untergeht?
„Mir war die Enge nie genehm,
ich brauche weiten Raum.
Die Einsamkeit ist wunderschön!"
So spricht der starke Baum
und blickt voll Sehnsucht hin zum Wald
und dieser grüßt zurück:
„Wart nur! Aus deinen Früchten, bald,
wird unvermeidlich neuer Wald
und neues Waldesglück!"

Der Todesengel oder Das ewige Leben

Es sprach ein Engel einst zu mir:
„Ich bin der Geist! – Und du bist hier
im Stoff gefangen, mußt es sein,
ins Fleisch gepackt und ins Gebein.

Und wenn du mal dein Ende findest,
wird's sein – wie du's auch drehst und wendest –,
daß nicht ganz klar zu sagen ist,
wer du einst warst und jetzt wohl bist.

Es bleibt von dir ein Haufen Dreck,
der Erde düngt als letzten Zweck.
Und du – ganz von Gestank umgeben –
sitzt mittendrin: Im ewgen Leben!"

Ich rief zum Engel: „Halte ein!
So kann und darf und soll's nicht sein!
Das kannst du aus der Rede streichen.
Es wär der Hölle zu vergleichen.

Wie du bin ich ein Ding aus Licht.
Vergiß das nicht! Vergiß das nicht!
Es ist das Kleid nur, das vergeht.
Es stinkt der Geist nicht, wenn er weht."

Der Engel schwieg und flog davon,
ließ mir das Leben, wie zum Lohn
dafür, daß mich die Angst nicht packte,
als er die halbe Wahrheit sagte.

Das verlorene Ideal

Die Fahne hab ich eingerollt,
verloren das Ideal.
Es war zu groß, was ich gewollt.
Hier zählt allein die Zahl.

Dabei wär's einfach zu verstehen
gewesen und zu leben:
Zerteiltes als ein Ganzes sehen!
Das langt schon, um zu schweben.

Es wurden mir die Flügel lahm.
Das Blei an meinen Füßen,
das macht das wilde Feuer zahm.
Jetzt läßt die Glut euch grüßen.

Die Asche grau, und nichts als Staub
wird bleiben und ein Widerschein
vielleicht und, mit Verlaub,
die Urne auf dem Marmorstein.

Doch einst, vielleicht gar morgen schon,
steig ich als Phönix aus der Asche.
Dann kann so mancher Hurensohn
und manche leere Flasche

mich in den höchsten Siegerhöhn
und „voll" am Himmel fliegen sehn,
mich rufen hören tausendmal:
„Seht her! Hier fliegt das Ideal!"

Lebensautomatismus

Automatisch wacht man auf.
Automatisch schläft man ein.
Ach, – der ganze Lebenslauf
soll nur automatisch sein?

Automatisch wird geboren.
Automatisch stirbt man dann.
Bleibt hier keiner ungeschoren?
Kommt man automatisch dran?

Herr im Himmel! – Welch ein Frust!
Das kann doch nicht sein!
Automatisch Lebenslust?
Fluch! – Und dreimal nein!

Die Vögel zwitschern in den Zweigen

Die Vögel zwitschern in den Zweigen.
Man glaubt es nicht! Sie zwitschern noch!
Wo sich am Himmelsrand schon zeigen
die Ränder eines schwarzen Lochs!

Es ist der große Abgrundsrachen.
Das ist kein Wort hier mehr zum Lachen!!!
Das ist der Schreckensendedrachen,
von dem die alten Weisen sprachen!

Er ruft uns zu. Hört, was er spricht:
„Das Ende ist das Ende nicht!"
Und zu verstehen ist das Wort:
„Es kommt nicht alles, ihr kommt fort!"

Tierische Liebe

Hat mein Lieb mich verlassen,
muß ich weinen so sehr,
und ich such's in den Gassen,
kann es finden nicht mehr.

Aus dem Sinn, aus den Augen.
Such ein neues Lieb mir,
denn es tat nicht viel taugen,
weil es war ein Vampir.

Bei dem neuen feinst Liebchen
schau ich erst in den Mund
und versetz ihm ein Hiebchen,
hat es Zähne wie ein Hund.

Und dann soll es mir dienen
und putzen das Haus,
so fleißig wie die Bienen,
tut es nichts, schmeiß ich's raus.

Ja, die Liebe, die muß geben:
wie ich dir, so du mir!
Es braucht, um zu schweben,
zwei Flügel das Tier.

Wahre Liebe

Er wirbelt putzend durch das Haus.
Die kluge Hausfrau nimmt Reißaus.
„Wo nimmt er nur die Kraft noch her?"
fragt sie sich später beim Frisör.

„Die ganze Nacht im Liebesnest!
Und das nach dem Geburtstagsfest!
Davor die Inventur im Laden!
Ihm kann der größte Stress nicht schaden!"

Er aber denkt zu Haus bei sich:
„Wenn keiner putzt, putz eben ich.
Auch putz ich gern an ihrer Statt,
weil sie so zarte Hände hat!"

Und die Moral von der Geschicht:
Es kennt die Liebe Grenzen nicht!

Nächstenliebe

„Groß ist meine Herzensgüte",
sprach zu sich der gute Mann.
„Und es kommt nicht in die Tüte,
daß wer daran rütteln kann.

Hier die Spende, das Almosen.
Stell mir vor, wär selbst am Ende,
und die Groschen, diese losen,
fallen in die richtgen Hände.

Alle Menschen sollten sparen!
Hohe Zinsen gibt die Bank;
weggelegt in fetten Jahren,
ist in magren keiner blank.

Ach, es müßten alle Guten
sich sofort zusammenschließen!
Keinem ist es zuzumuten,
sich in Armut zu verdrießen.

Reichsein ist so wonniglich,
daß es jeder will und muß!
Arm sein ist so elendig!
Jetzt ist damit Schluß!

Schwestern, Brüder! Hört mein Rufen!
Zucken nicht schon Eure Hände?
Liebe ist nur einzustufen
durch die absetzbare Spende.

Groß ist unsre Herzensgüte!
Jeder weiß und sagt das dann!
Und es kommt nicht in die Tüte,
daß wer daran rütteln kann.

P.S.:
Sollt es dennoch einer wagen,
wird die Subvention gesperrt.
Wir, die Guten, werden sagen,
daß er nicht zu uns gehört!"

Annäherung an die Wahrheit

Alles knackend, alles brechend,
spaltend, messend, zählend, speichernd,
bohrend, schneidend und sezierend,
splitternd, mahlend und zertrümmernd
kommen wir der Wahrheit nah.

Aber diese, ach, was macht sie?
Sie entzieht sich, wenn wir denken:
„Hier! – Hier ist sie! Packt sie! Fangt sie!
Sperrt sie ein! Fixiert sie! Nützt sie!"
Plötzlich ist sie nicht mehr da!

Was läuft falsch in unsrem Denken?
Was nur machen wir verkehrt?
Gibt es überhaupt das Wahre
in des Chaos Durcheinander
und der wilden Willkür Muster?

Ist das Mühen gar vergeblich,
hinter einen Sinn zu kommen?
Ist es besser, wie die Frommen,
betend Wahrem nahzukommen,
treu dem Leisten, wie der Schuster?

Dritte Möglichkeit steht offen,
sich der Wahrheit anzunähern:
Pervertierend das Normale,
auszukosten, was geboten,
saufen, fressen, buhlen, koten,

morden, fröhlich Kinder schänden,
in Marquis de Sades Spuren
mit des Papstes Kleid am Leibe,
gröhlend, singend, grenzenbrechend,
alles tun, weil nichts verboten.

Letzter Ausweg scheint, so dünkt mir,
nichts von alledem zu tun,
sondern still beiseite tretend,
wie als ging es uns nichts an,
alles lassend, unberührt

von den Turbulenzen, allen,
und den Unvereinbarkeiten,
einfach zuschauen, wie ein Zeuge,
der im Totenreich zu Hause,
bis die Wahrheit selbst ihn führt.

Fragen, aber fragen darf man
nach des Wahnes tiefrem Sinn;
schließlich sitzt ein Teil von jedem
mitten in der Sch . . . Schöpfung drin.

Der reuige Räuber

Einst saß ich hinter Gittern.
Ich hatte wen beraubt!
Ich tat es unter Zittern,
denn das war nicht erlaubt.

Die Schwäche mein Verhängnis,
man hat hier stark zu sein!
Dann saß ich im Gefängnis:
Ein Räuber! – Ganz allein!

Ach, habt doch mit mir Gnade!
Ich raube nimmermehr!
Und widme die Ballade
den Opfern der Beschwer!

Es waren Millionäre
und Bankbesitzer fein.
Ich wünschte, ach, mir wäre
die Weste auch so rein!

Das Lebenstor

Das Tor des Lebens – abgeschlossen?
Wo ist der Schlüssel? – Wo?
So fragte er sich unverdrossen.
Das Leben sagte: „No!"

Er klopfte an. Erst zart, dann fester.
Am Ende gar mit einem Stein.
Mit seinen Füßen tat den Rest er!
Das Leben sagte: „Nein!"

Er wurde davon nach und nach
– aufgrund der Mühe, die es machte –
erst wenig, später völlig schwach,
bis er zusammenkrachte.

Da lag er vor dem Lebenstor,
verloren und von Sinnen.
Doch plötzlich! – Kam's ihm nur so vor? –
Da sprach zu ihm das Lebenstor:
„Dein Leben? – Das ist innen!"

„Hab dich verstanden", sagte er,
stand auf und preßte seinen Rücken
ans dicke Torbrett, fest und schwer.
„Soll ich dich so rum drücken?"

„Wie du auch drückst", sprach da das Tor,
„falls ich mich öffne, liegt's nicht an dir!
Dein Zappeln kommt mir komisch vor.
Dein Willen bricht an mir!"

„Nun gut! Nun gut! – Du hast gesiegt",
sprach er, erneut der Ohnmacht nah.
„Wie macht man's, daß man auf dich kriegt,
gibt's eine Algebra?"

„Nein", sprach das Tor. „Berechnung gilt hier nicht!
Sie hilft auch nicht dem frömmsten aller Frommen.
Um mich zu öffnen muß das Licht
aus deiner Einsicht kommen."

„Das sag ich doch!" gab er zurück.
„Was meinst du denn, warum ich drück?!"
„Ja, wenn das so ist", sprach das Tor.
„Stets öffnete mich der Humor!"

Dann gab es unerwartet nach.
Des Tores Flügel aber waren mit seinem Rücken fest-
verbunden.
Das Tor, es lachte und es sprach:
„Nun flieg mal ein paar Proberunden!"

Der humorvolle Krieger

Hätte ein Krieger Humor,
käme das Töten bei ihm nicht vor;
oder er lachte sich schief und krumm
und brächte die doppelte Menge um.

Der Schäfer und die Schafe

Es stand ein Schäfer auf der Wiese,
ganz weit und groß und grün war diese.
Um ihn herum da standen Schafe;
es waren wollig-weiße, brave.

Der Himmel war so blau wie nie,
die Sonne schien! Frag mich nicht wie!
Die Schafe fraßen grünes Gras,
das war für sie der größte Spaß.

Der Schäfer blickte jede Stunde
sich einmal um, so in die Runde,
ob irgendwo was ungewohnt
vielleicht erschien am Horizont.

Doch weit und breit war nichts zu sehn,
was nicht schon immer tat dort stehn.
Da war ein Baum, ein Stein, ein Strauch
und ganz weit hinten schwarzer Rauch.

„Brennt da der Wald? Brennt da ein Haus?"
fragt sich der Schäfer selber aus.
Zum Glück hat er ein Fernglas da,
durch das man Fernes sieht ganz nah.

Und als er's an die Augen hält,
vor Schreck er sogleich rückwärts fällt,
ein Schrei aus seiner Kehle gellt:
„Da hinten brennt die ganze Welt!"

Die Schafe aber fraßen weiter
und waren wohlgemut und heiter.
Eins hat, glaub ich, mal aufgesehn.
Satt sein und dumm ist wunderschön!

            Frieden

Frieden, ach, ihr lieben Leute,
wär was, was uns alle freute.
Doch es scheint ihn nur zu geben,
wenn wir tot sind und nicht leben.

„Ruhe sanft", steht auf dem Stein.
Frieden darf unendlich sein!
Deshalb fürchtet nicht die Waffen,
weil sie ewgen Frieden schaffen.

Ja, was soll denn schon passieren?
Kurzer Schmerz im grellen Licht.
Leben wird man dann verlieren,
seinen ewgen Frieden nicht.

Die Evolution

Einst war die Erde glühend rot
und unerträglich heiß und tot.
Sie spuckte Lava, spuckte Dampf,
lag mit dem kalten All im Kampf.
Sie unterlag und kühlte ab,
bis daß es Land und Meere gab.

Und über diesem Land und Meer,
da zuckten Blitze hin und her.
In diesem Chaos, wildem Spiel,
entstand ein Eiweißmolekül.
Und dieses – konnt es anders sein? –
es war des Lebens erster Stein.

Nun gings bergauf und auch bergab,
bis es Aminosäuren gab.
Geboren ward aus wildem Tanze
die erste, kleine, zarte Pflanze.
In tausendfache Form gegossen,
aus toter Erde Keime sprossen.

Und irgendwann – war's dort, war's hier? –
entstand das erste Geißeltier,
und dann der Lurch, der Fisch, der Säuger,
der Unterwassereckenäuger,
der rückwärts ging, anstatt nach vorn.
Er war nur als Versuch geborn.

Heut sieht ein jeder Forscher ein,
das muß des Wahnsinns Werk wohl sein!
Denn kaum geboren, hier im Dampf,

entbrennt ein harter Lebenskampf.
Ein jeder gegen jeden zieht
zu Mord und Totschlag, wie man sieht.

Nicht weil man wollte, nein, man muß!
Friß oder stirb! Silentius! –
Dem Starken ist der Himmel hold,
den Schwachen der Gevatter holt.
Es kämpft das Gras, es kämpft der Baum
in dieser Welt um Lebensraum.

Und hat dann wer im Kampf gesiegt,
kommt einer, der ihn unterkriegt.
So kommt es zum Zusammenschluß
von Artverwandten. Gott zum Gruß!
Familie, Volk und Vaterland
nach dem Gesetz zusammenfand.

Doch jetzt geht es von neuem los!
Die Fremden dort! – Erschlagt sie bloß!
Wer weiß, was die im Schilde führen,
vielleicht gar Angriffslust verspüren?
Wer sagt, daß es je anders war?
Im Fremden lauert die Gefahr!

Ja, Unbekanntes heißt Alarm!
Wer reich ist, ist nicht gerne arm.
Ein Armer aber wär gern reich.
Sind denn nicht alle Menschen gleich?
Und wahr ist wahr! – Man schwört darauf:
Bei Geld hört alle Freundschaft auf.

Ein jeder lebt für sich allein
und muß sich selbst der nächste sein.
Und Schutz entsteht nur, wie man sieht,
wenn überall man Grenzen zieht.
Vom Gartenzaun zum Mauerbau,
Besitz umgrenzen, – das ist schlau!

Ein Dummer nur pflanzt Erdbeern an
auf freiem Feld für jedermann.
Verkauft er Früchte mit Gewinn,
ist Geld in seiner Kasse drin.
Das braucht er für sein Unternehmen,
dafür muß sich doch keiner schämen!

Er hat sie schließlich pflanzen lassen!
Jetzt solln sich füllen seine Kassen!
Die, die es taten unter Qualen,
die darf man nicht zu hoch bezahlen,
weil sonst für ihn nichts übrig bleibt,
wenn er sein Mitleid übertreibt.

Und eine Volksgenossenschaft
raubt Unternehmern alle Kraft!
Dabei verliert man das Motiv
und wär doch wirklich gern aktiv!
Es muß schon etwas hängenbleiben!
Man sollte niemals übertreiben!

So hilft denn über Jahr und Tag
den Armen der Tarifvertrag.
Und schließlich ist da etwas dran:
Gut geht's nur dem, der etwas kann.

Sind sie nicht selbst Schuld, wenn vom Bücken
beim Erdbeernpflücken sticht der Rücken?

Sie hätten ja mehr lernen können,
statt auf der Schulbank einzupennen!
Zählt nicht auch dort die Leistung schon
und der Zensur gerechter Lohn? –
Und wenn man Dumme so beäugt:
Vielleicht sind sie im Suff gezeugt!

Na ja, vielleicht war's Erbanlage,
das hört man alle lieben Tage:
Begabung und auch den IQ,
den gab uns die Natur dazu,
und die ist schließlich sehr gerecht:
Gut geht's den Starken, Schwachen schlecht.

So dreht sich fort der Teufelskreis.
Und nicht umsonst ist Lava heiß.
So, wie die Welt ist, sieht man ein,
muß sie ein Werk des Teufels sein,
denn alle Macht, die hier geübt,
ist reine Macht nur, die nicht liebt.

Es sei, wir zügeln unsre Gier
und werfen ab das wilde Tier;
und wagen eins zu sein mit allen,
dann werden alle Grenzen fallen!
Wir werden, wo wir gehn und stehn,
nur Schwestern und nur Brüder sehn
und auf dem kranken „Stern der Affen"
eine neue Erde schaffen.

Das Nest

Ich ging im Walde
so für mich hin.
Und nichts zu suchen,
das war mein Sinn.

Ich ging so dahin,
und plötzlich fand
ein leeres Nest
ich am Waldesrand.

Vom Winde verstoßen,
von keinem gebraucht,
leer und verlassen,
ins Vergessen getaucht.

Da hob ich es auf,
fixierte es fest,
sah deutlich und klar:
Das ewige Nest!

Golden und warm
und sicher gebaut.
Des Himmels Idee
für die irdische Braut.

Die Rose

„Sein, bewußt sein, schöne Lust!"
sprach die Rose selbstbewußt.
Doch, kaum daß sie es gesprochen,
war sie auch schon abgebrochen.

„Als der großen Liebe Zeichen
muß ich sterben und erbleichen?"
ruft die Rose in der Vase
und fällt nochmal in Ekstase.

„Rot ist Liebe! Unschuld weiß!
Sterben ist des Lebens Preis!"
haucht die Rose und erblüht,
wie man das nur selten sieht:

Voll und üppig, blutig rot.
Unvorstellbar, daß bald tot
sie sein sollte, – nicht mehr war,
diese Rose wunderbar!

Heute sah ich nun im Garten
wieder eine Rose blühn,
dachte: „Brauchst nicht lange warten,
wird dich bald zum Tode ziehn."

Rose sprach mit zartem Duft
zu mir: „Denk das nicht, du Schuft!
Stimmt zwar, aber stimmt auch nicht:
Rosen blühen ewiglich!"

Die geistige Wüste

Ward als Strafe einst empfunden
Einsamkeit und wüstes Leer;
nun gewohnte Lebensstunden,
Blumen aber blühn nicht mehr.

„Das als Schöpfung letzter Sinn?"
fragt Verstand und kann nicht mehr.
„Wenn ich erst gestorben bin,
will ich niemals wieder her!"

Welk die Blume des Verstandes.
„Warum gießt mich keiner mehr?"
Trockenheit des Wüstensandes
macht so tränenschwer.

Endlich – als die Tränen fließen,
wie ein wahres Tränenmeer –
hebt den Kopf er, sieht des süßen
Denkens Trugbilds Wiederkehr.

Üppig grünes, weites Land
und ein Wiesenblumenmeer.
Musen nehmen den Verstand,
der halb tot war, bei der Hand,
zaubern Bilder her!

Nur der Dichter hat gesehen
dieses Land bisher.
Denken kann das nicht verstehen,
jedenfalls nur schwer.

Es gibt niemals Trockenheit
im Land der Hochvision,
und es blühen jederzeit
Blumen jener Ewigkeit,
der ein Ende Hohn.

Dort, wo Faun und Elfe tanzen
– das nur nebenher –,
faßt der Blick der Schöpfung ganzen
Umkreis und noch mehr.

Späte Liebe

Seht, da sitzt der alte Willi,
eingemauert in sein Wesen,
und daneben sitzt die Lilli,
dieser abgenutzte Besen.

Seht nur, dieses Liebespaar!
Wie das Leben gleich sie machte!
Es sind jetzt fast siebzig Jahr,
daß man sie zusammenbrachte.

Seht, am Ofen, auf der Bank,
einst von ihm für sie gebaut,
sitzt er selber, sterbenskrank,
neben seiner kranken Braut.

„Was soll man vom Leben halten?"
fragt er sich und schaut sie an,
die man unter tausend Falten
gar nicht mehr erkennen kann.

Und als hätte sie den Blick
durch die alte Haut gespürt,
sagt sie plötzlich: „Das Geschick
hat zusammen uns geführt."

Doch da knallt's im Kachelofen,
und der stürzt in sich zusammen!
Neu vom Schicksal tief getroffen,
sterben beide in den Flammen.

Sie hat ihm noch zugerufen:
„Heiß wie Liebe brennt das Feuer!"
Er, schon auf der Hölle Stufen,
rief: „Das stimmt, du Ungeheuer!"

Auf dem Grabstein hat gestanden:
„Hier ruht Willi und sein Besen,
welche erst die Liebe fanden,
als es fast zu spät gewesen."

Hand in Hand im Kessel sieben,
in der Hölle weichgekocht,
lernten sie im Schmerz sich lieben.
Besser spät, als nie vermocht.

Lebensfragen

Es sind der Fragen viele,
die man ans Leben hat.
Als erstes ist im Spiele:
„Wie werd ich morgen satt?"

Die zweite Frage fraget laut:
„Wie kriege ich ein Haus gebaut?"
Die dritte fragt: „Wie kann's geschehn,
ein Liebchen neben mir zu sehn?"

Dann klopft die erste wieder an,
fragt, wie zu dritt man satt sein kann,
und dann zu viert, zu fünft, zu zehnt.
Bald wird darauf die Welt erwähnt.

Und dann zum Unglück oder Glück
fragt man danach die Politik,
die nur partielle Antwort hat:
Den Hunger und das Übersatt.

Ein Teufelskreis, das ist ein Kreis,
aus dem man keinen Ausweg weiß.
Das Leben viele Fragen hat. –
Wie krieg ich meinen Geist nur satt?

Katz und Maus

In unsrem Hühnerhäuschen,
da wohnen viele Mäuschen.
Und grad in jenem Hühnerhaus
fängt täglich unsre Katz 'ne Maus;
und manchmal sogar zwei, gar drei;
grad so, als wäre nichts dabei,
der Maus mit spitzen Zähnen
das Leben wegzunehmen.

Doch jene sind in schwerer Not.
Sie fürchten nämlich sehr den Tod,
weil sie so gerne leben,
tun sie vorm Tode beben.
Ein jeder kann das gut verstehn.
Es würd ihm ebenso ergehn,
käm mal zu ihm 'ne Riesenkatz
und spräng ihn an mit einem Satz.

Er würde zappeln, würde schrein
und pfeifen wie ein Mäuselein,
wenn es ihm so ans Leder geht,
und alle Rettung schon zu spät.
Drum spring ich manchmal mit 'nem Satz
aus meinem Bette hin zur Katz,
werf schnell ein Handtuch auf die Maus
und trage sie zum Hühnerhaus.

Dort leben hundert und noch mehr.
Und die vermehren sich so sehr!
Daß eine gar nicht fehlte,
sofern man sie nicht zählte.

Jedoch, ich glaub, der Lebenssinn
steckt auch in *einem* Mäuschen drin.
Ich hab die Katz gebeten,
die Mäuse nicht zu töten.

Ob die drauf hört? Ich glaube nicht!
Sie wär gestört. – Bei rechtem Licht
betrachtet ist ihr aufgetragen,
die Maus, wo's immer geht, zu jagen
und ihr den Garaus dann zu machen.
Ich könnt als Maus da auch nicht lachen!
Daß das so ist, ist schlimm genug.
Vielleicht ist Tod nur Sinnentrug!

Ich will hier um Verständnis frein
für mich, für Katz und Mäuselein.

Klagelied

Ach, wer lehrt mich Schmerzen tragen,
wo ich ohne alle Fragen
lieber freudig leben würde,
als mit dieser Schmerzensbürde.

Ach, wer lehrt mich Liebe schenken,
um nicht nur an mich zu denken,
der ich durch des Schicksals Zwang
einsam bin, ein Leben lang.

Ach, wer sagt mir nur den Sinn,
daß ich auf der Erde bin!
Ein paar Jahre – schon vorbei.
Ende einer Narretei.

Sinnlos gar, sich umzubringen
und auch nicht der Mühe wert.
Bleibt, ein Klagelied zu singen.
Leben ganz dem Tod gehört.

Und so bleibt die Tagespflicht,
und die Leere bleibt, – mehr nicht.
Dabei hatt' ich allemal
irgendwann auch ein Ideal.

Jetzt scheint alles aus zu sein.
Ja, das war's! Na denn! Wie fein!
Trauer zieht ins Herze ein,
und es wächst das große NEIN!

Herr im Himmel! Ach, so kläglich
werde ich nicht untergehn!
So ein Abgang? – Unerträglich!
Leben, heißt es, sei doch schön!

Also, ran an die Musik!
Her mit diesem blöden Glück!
Schmerz beiseite! Freude her!
Hoch das Bein! Mach voll das Leer!

Plötzlich, wie von Zauberhänden,
fühl ich mich emporgehoben.
Die Verzweiflungsschmerzen enden.
Sollte ich den Himmel loben?

Alles Leid mit einem Schlage
fortgeblasen, wie ein Spuk,
und die Lasten, die ich trage,
sind nicht schwer genug.

Menschenskinder! – Was ist los?
Ist's das Lichtlein, das besagte?
Macht die Einsamkeit den groß,
der sie anzunehmen wagte?

Muß man erst das Elend sehen?
Müssen erst die Tränen fließen?
Muß man durch die Hölle gehen,
um den Himmel aufzuschließen?

Vorfrühling

Wer kann sich deiner denn erwehren,
Entzücken, das aus Knospen springt!
Willst du es, soll es dir gehören,
das Lied, das meine Seele singt.

Die Nacht war schwarz, der Winter kalt;
fast wär das Herz erfroren.
Milliardenfach erklingt nun bald
durch Feld und Wiesen, Strauch und Wald:
„Der Tod, er hat verloren!"

Da ruft Gevatter Knochenbein
fluchend und zieht von dannen:
„Der Frühling kommt, um nicht zu sein.
Grünt lieber wie die Tannen!

Auf Gräbern wächst das Immergrün,
verheißt das ewig reine Sein.
Die bunten Blumen, sie verblühn
im schönsten Sonnenschein!"

„Wir kommen wieder, nach der Nacht!"
antworten ihm die Blumen.
„Ein neuer Frühling, der das macht.
Wir sind nicht wirklich, – nur gedacht.
Aus! Schluß jetzt! Und post humen!"

Dann blühen sie, ganz wild drauflos,
die Bienen kommen mit Gesumm,
und in der Mutter Erde Schoß
drehn sich die Toten um.

An Hermann Hesse

Schön ist's, im Nebel zu wandern,
doch schöner im Sonnenlicht.
Klar sieht man alle andern;
im Nebel sieht man nur sich.

Das Ohr der Stille

Im Ohr der Stille mir ein Lied erklingt.
Noch nie ist es auf dieser Welt erklungen.
Es wird in ihm so heiter und beschwingt
und zart und süß von einer neuen Welt gesungen,

daß ich verzaubert, Luft anhaltend,
dem Liede voller Andacht lausche,
dabei – wie selten – Hände faltend
des Liedes Sinn dem geistgen Bilde tausche.

Und dann entsteht sie vor dem innren Auge:
die neue, wahre Welt.
Unsagbar licht und schön,
auf der allein die Liebe zählt ...
Doch plötzlich, mitten in den Traum hinein,
ertönt ein Poltern und Gedröhn!

Dann hör ich's bersten, später krachen.
Es folgt ein Tosen, Fauchen, Brausen und Gebrüll.
Ein wenig später hört man in der Ferne heisres Lachen,
danach ein Stöhnen, das wird zum Gurgeln,
                dann ist es wieder still.

Das Lied der freudigen Erregung?
Ist es verstummt? Nur übertönt?
Hat diese unerwartete Begegnung
vielleicht sogar bewußt das wundersame Lied verhöhnt?

Tief lausche ich erneut in mich hinein.
Es darf das Lied um Himmels Willen nicht

verstummt, verjagt durch das Getöse sein,
weil sonst der letzte Lebenssinn zerbricht.

Doch nichts zu hören! – Soweit das Ohr auch reicht.
Erschrockne, weite Stille überall!
Im Nichts vergangen, – wie wenn man ein gedachtes Wort
                                        gedanklich streicht,
wie nie gewesen, des Liedes hoffnungsfroher Schall.

So summe ich das Lied nun selber vor mich hin
und richte in die Zukunft, aus der es kam, den Sinn.

Anrufung der Leda nach Schwerelosigkeit

    Sei hoch gepriesen, edler Schwan!
    Ich werf mich dir zu Füßen.
    Soll endlich sein, was muß und kann!
    Ich lechze nach der süßen
    Erfahrung, eins zu sein mit dir,
    auf diesem Schlachtfeld Erde hier,
    als Kämpferin der Lichtidee,
    die ich in deinem Auge seh,
    zu sterben, um zu leben!
    Dring in mich ein mit deiner Kraft,
    die lächelnd Universen schafft,
    und bringe mich zum Schweben!

Sternenhimmel, hoch und klar

Sternenhimmel, hoch und klar,
in der Winternacht.
Ach, es ist so sonderbar,
was dein Anblick macht.

Mondlicht auf gefrornem Gras,
Glitzersternenpracht;
oben ewig, unten Glas.
Welche Niedertracht!

Halten will ich, was ich seh.
Präge tief es ein.
Blick nach unten, – in die Höh:
wird dasselbe sein.

Ewig Zeit. – Unendlich Raum.
Ohne Anfang. Ohne Ende.
Lebens Wiederholungstraum
hat so viele Bände!

Bin schon tot und neugeboren,
um dann wieder tot zu sein.
Leben in der Zeit verloren,
– fiele mir der Sinn nur ein!

Brülle wie ein Schwein am Spieße,
seufze wie ein Engelein.
Was, wenn's plötzlich wählen hieße,
alles oder nichts zu sein?

Sternenhimmel, hoch und klar,
in der Winternacht.
Ach, es ist so sonderbar,
was dein Anblick macht.

Der Krokus

Ein Krokus blüht im trocknen Gras,
goldleuchtend, wie der Morgenstern!
Ein jeder denkt: „Ei! So etwas
sieht man nach langem Winter gern!"

Es blühen Tulpen dann im Mai,
die Sterne der Narzissen;
des Krokus' Leben? Längst vorbei!
Kein Mensch tut ihn vermissen.

Der Pionier der neuen Zeit,
von roten Rosen überrannt.
Wer denkt an Edison noch heut,
der Licht für tiefe Nacht erfand?

Ihr Blumen, ach, es kommt der Tag,
wo eure bunte Pracht vergeht,
auf daß man wieder rufen mag:
„Ein Krokus! Seht nur! Seht!"

Mir geht es wie den Tauben

Mir geht es wie den Tauben
auf hohem Kirchenturm.
Sie brauchen keinen Glauben,
wie mancher Erdenwurm.

Ich bin dem Raum zu eigen,
dem Lichte zugetan
und fliege, um zu zeigen,
daß ich es will und kann.

Mein Glaube ist die Sonne,
mein Gott der weite Raum,
die Zeit ein Spiel der Wonne,
der Freiheit wacher Traum.

Mir sind des Stoffes Ketten
gar eine süße Last.
Ich hörte, manche hätten
ihr Rasseln sehr gehaßt.

Musik in meinen Ohren
der Klang der Sklaverei.
Im Stoff bin ich geboren
und dennoch vogelfrei!

Die deutsche Volksseele

Unglaublich ist des Deutschen Seele!
Halb Alptraum und halb himmlisches Entzücken!
Wie wenn das bloße Dasein sie schon quäle,
um sie durch Qual in andre Wirklichkeiten zu entrücken.

Wie ernst sie ist und unergründlich tief!
Und wie sie Gleiches gleich von anderen verlangt!
So gerade ist ihr Gang und dennoch geht sie schief,
daß einem schon bei ihrem Anblick graust und bangt.

Kein Spottlied soll das Lied hier sein!
Bestandsaufnahme ist es und nicht mehr.
Für Seelenformen trifft die Schuld allein
den Himmel – doch das nur nebenher.

Hört, wie sie singt, die deutsche Seele! Und wie beseelt
sie spricht! Seht ihre großen Gesten!
Mal ist's, als hätte sie zu viel, mal, ob ihr etwas fehlt.
Es scheint, als ob des Himmels Geister und die Höllenbrut
                       gleichzeitig in ihr westen.

Heut ist zum Unglück oder Glück sie eingeschlafen,
ermüdet durch das viele Morden und den Fleiß danach.
Sie wurde eingemottet von den satten Braven
und wird wahrscheinlich erst in hundert Jahren wieder wach.

Rom

Die Füße rot und wund.
Die Straßen kreuz und quer.
Rom gibt fast nichts, fast nichts mir, und
ich geb ihm nicht viel mehr.

Die große, alte Stadt –
verkommen die Paläste.
Sie hatte und sie hat
so viele, viele Gäste.

Nichts, was ich nicht schon kenne,
das Fleisch und auch den Stein.
Nichts macht, daß ich mal renne;
todmüde schlaf ich ein.

Es ist ein Traum von gestern,
ich hab ihn heut geträumt,
von meinen Brüdern, Schwestern,
der Zukunft, meerumschäumt.

Der Brunnen der vier Ströme,
er hat mein Herz versöhnt.
Bevor ich Rom verhöhne:
Ich habe nur gestöhnt!

Ob seiner Schönheit, staubbedeckt,
ob seiner Wucht und Kraft.
Ob seines Geistes, gut versteckt,
er ist es, der mich schafft.

Der Fettfleck auf der Hose,
ich last' ihn Rom nicht an,
so wie ein Leichtmatrose
den Untergang des Schiffes
dem Meer nicht lasten kann.

Nicht ungerecht sei mir der Sinn.
Rom ist und bleibt ein Hauptgewinn.
Es zieht mich sicher wieder hin,
wenn ich erstmal zu Hause bin.

Und ist das später nicht der Fall:
Rom saust wie ich durchs Weltenall.
Ob wer sie liebt, die alte Stadt,
bestimmt nicht viel zu sagen hat.

Der goldene Hut

Sprach einst im Traum ein Geist zu mir:
„Höre, Freund! Ich sage dir,
unter einem goldnen Hut
lebt sich's besser und auch gut."

„Was du sagst . . .", hab ich gesagt,
doch mich gleich daran gewagt,
meinen Hut, den alten, grauen,
gold zu malen, und die Frauen

und die Männer, die mich sehen,
lächeln im Vorübergehen,
durch des Traumesgeistes Güte.
– Tragt doch alle goldne Hüte!

Die bittere Medizin

Ich füllte das Glas bis zum äußersten Rand,
hob's hoch zu den Lippen mit zitternder Hand.
Dann stürzte ich's in den durstigen Schlund
und war mit einem Schlage gesund!

Was hatt' ich getrunken? Was hat mir gefehlt?
Wie hieß die Krankheit, die mich gequält?
„KALTHERZIGE WELTGIER" wird sie genannt,
ein Virus, der ganze Welten umspannt.

Der Trank war so bitter und nicht zu beschreiben!
Und erst seine Folgen, die ein Leben lang bleiben:
Fremd wird es, an sich selber zu denken!
Ob man will oder nicht, man muß sich verschenken!

Noch hab ich davon ein paar Flaschen da,
etikettiert als Ambrosia!
Wer meint, daß er's braucht, dem will ich was geben.
Wir könnten zusammen für die anderen leben.

Der Trunkenbold

„Herr im Himmel, hab Erbarmen
mit mir schwachem, mit mir armem,
kleinen Menschlein auf der Welt,
arbeitslos und ohne Geld.

Herr im Himmel, deine Gnade
brauche ich. Es wäre schade,
wenn ich jetzt schon sterben müßte,
noch bevor den Sinn ich wüßte.

Herr im Himmel, deine Liebe
trifft mich nur durch Schicksalshiebe.
Ohne Obdach, auf der Straße
und der Depression zum Fraße,

Herr im Himmel, sitz ich rum,
alkoholisiert und dumm,
und es will mich keiner haben.
Wär doch tot ich und begraben!

Herr im Himmel, hör mich an!
Schicke eine Hurrikan,
und vernichte alle Reichen;
ich ernähr mich von den Leichen!

Herr im Himmel, der Geringste
bin ich sicher, und den bringst du
einfach mir nichts, dir nichts um?
Hol's der Teufel! Sei es drum!"

Doch da sprach der Herr im Himmel:
„Mann, was bist du für ein Lümmel!
Deine Worte sind ein Hohn.
Ausweg heißt: REVOLUTION!

Aber nicht wie siebzehn, achtzehn;
denn dann wirst du an der Macht sehn
dich, als einen von den Reichen,
und dann gehst *du* über Leichen.

Suche du nach neuen Werten,
nicht, was Reichtum geben kann.
Die das taten, die gehörten
stets der Weisheit Gilde an."

„Herr im Himmel, gut gesprochen.
Bin doch lange schon gebrochen.
Größter Wert ist mir die Flasche
noch im Leben. Sack und Asche!"

„Sei's!" sprach Gott. „Ich will sie füllen.
Deinen Durst will ich dir stillen.
Sauf dich voll und stirb daran,
denn du bist ein toter Mann!"

Morgens fanden Straßenkehrer
einen toten Obdachlosen,

mit im Suff verdrehten Augen
und mit vollgemachten Hosen.

Dreiunddreißig leere Flaschen,
Schnaps vom Feinsten, lagen rum.
Mit den Händen in den Taschen
brachte Gott ihn gnädig um.

Wird er einmal neu geboren,
soll er lesen dies Gedicht.
Himmel hat ihn auserkoren,
heimzuleuchten mit dem Licht.

Verzweiflung

So leer, so leer sind diese Tage!
Das Leben weicht entsetzt zurück.
Und es erhebt sich nun die Frage:
Ist das des Daseins oft besungnes Glück?
Wo ist der Frieden, der so oft gesuchte?
Ist es der Tod, der 1000mal verfluchte?
Ist es das Ende vor dem Neubeginn?
Vielleicht ist das des Lebens tieferer Sinn?

Still ist es ringsumher – unsäglich.
Zum Bersten leer! – Das Leben unerträglich!
Das Klagelied – es klingt so kläglich.
So geht's nicht weiter! Nein! Unmöglich!
Wozu noch atmen und das Blut im Herzen?
Wozu des Körpers Last und seine Schmerzen?
Hätt' ich nur Mut! Ich brächt mich heut noch um!
Doch irgendeiner sagt in mir: „Sei nicht so dumm!

Ertrage! Warte! Harre aus! – Nicht mehr! –
Mach dich wie diese leeren Tage leer!
Es zieht der Schatten mit den Stunden weiter.
Die meisten Toten lächeln sogar heiter.
Erhaben ist der Durchgang durch die Nacht.
Lebendgen Leibes hat so gut wie keiner
das Sterben hinter sich gebracht."

„Wie du befiehlst, mein lieber schwarzer Schatten.
Dein Anblick macht wie nie zuvor mich frei.
Er gibt mir Mut zu ungeahnten Taten,
und du bist mir, wie ich dir, einerlei!

Legt auch des Geistes Nacht das Denken still,
dann soll mich das nicht schrecken!
Mag kommen, was da kommen will,
ich will mich nicht verstecken!
Und stürzte ich ins Tränenmeer
– ein Auge bliebe tränenleer!
Wahr scheint mir und auch zu verstehn:
Am Ende muß ein Anfang stehn!"

Unerträglich wird das Leben

Unerträglich wird das Leben,
fliehet ihm der letzte Sinn,
und die Schattengeister weben
ihre Netze um es hin.

Lichte, goldne Sonnenstrahlen
zeichnen Morgens Horizont,
heben auf, was nachts gefallen,
zeigen, wer im Abgrund wohnt.

Trügerische Tagesstunden,
Nacht schleicht um die Welt.
Glücklich, wer das Licht gefunden,
das man nicht nach Stunden zählt.

Die Rationalität

Der kluge Geist der Ratio,
zwar nützlich, aber niemals froh,
erblickte einst den Schmetterling,
ein buntes, aber dummes Ding.

Was soll das wilde Flügelschlagen,
erforschte er, und welchen Zweck
hat – wer kann es mir nur sagen –
der rote Punkt, der gelbe Fleck?

Die Fühler vorn – noch zu verstehen –,
die sind gewiß zum Fühlen da.
Und seine Augen sind zum Sehen.
Das Loch am Ende? – Heureka!

Die Beine hat er, um zu laufen,
jedoch die Farben, wild bizarr?
Für die kann keiner sich was kaufen.
Nutzlose Willkür offenbar.

Der Rüssel ist zum Honig schlecken,
der Pelz zum Temperaturausgleich.
Doch wozu sind die bunten Flecken?
Des Zufalls sinnentleerter Streich?

So stand der Geist der Ratio
am Tor zur Freiheit ratlos rum
und drosch wie wild das leere Stroh:
Woher? – Wozu? – Warum?

Der Schmetterling, er flog davon
ins Sommerhimmelblau.
Die Rationalität zum Lohn
bekam die Farbe grau.

Flugversuche

Mühsam hat sich einst erhoben,
von den Vieren auf zwei Beine,
erster Mensch von ganz alleine.
Lasset uns ihn loben!

Mühsam sucht sich zu erheben
seine Geisteskraft nun heute.
Fällt ihm schwer, ihr lieben Leute!
Läuft sich leichter, als zu schweben.

Ich, der Mensch, schlag unverdrossen
meine Arme wie zwei Flügel,
hüpfe ständig auf und nieder,
denn ich habe fest beschlossen,
heut noch abzuspring'n vom Hügel,
schwebend, ohne Für und Wider.

Der Überwanderer

Hier auf Erden – ohne Frage –
endet nicht ein jeder Krieg
mit des einen Niederlage
und des andern Sieg.

Unentschieden ist noch möglich,
doch das quält so unerträglich,
daß zu neuem Kampf es kommt,
dem es nach Entscheidung frommt.

Habe mich sofort ergeben,
an die Sieger! Ist doch klar!
Und so kann ich weiterleben.
Ist denn das nicht wunderbar?!

Morgen kommt vielleicht ein andrer,
der den Sieger niederzwingt.
Wetten, daß in mir, dem Wandrer,
Überwandern neu gelingt?!

Nur so kann man überleben
und noch einen und den anderen
Kommentar zum Leben geben
und zum ÜBERWANDERN.

Geht's direkt mir an den Kragen,
gleich aus welchem Grunde,
werde ich den Kampf wohl wagen,
noch in selbiger Sekunde!

Sollt ich dann – so Gott es will! –
auf der Siegerseite stehen,
werd ich im Triumphgefühl
und voll Stolz nach Hause gehen!

Sollte ich jedoch erneut
ein Verlierer sein,
werd ich mich, zwar nicht erfreut,
doch ergeben, schick mich drein.

Falls im Kampf der Tod mich packt,
wird mir jedenfalls gelingen,
nach dem kriegerischen Akt
Denkmals Sockel zu erringen.

Steh dann dort aus hartem Stein,
zwar geschlagen, doch darf sein!
Wer vorbeigeht sagt zum andern:
„Seht, es lohnt zu ÜBERWANDERN!"

Das Feuer

Mit dem Feuer und dem Licht,
Freunde, bitte spielet nicht,
weil, man denke stets daran,
Furchtbares geschehen kann.

Bringt man Feuer in den Herd,
tut es das, was sich gehört,
siedet Wasser, wärmt das Haus,
legt man nach, geht es nicht aus.

Hat man aber unbedacht
einmal Feuer dort entfacht,
wo man's besser nicht gemacht,
schnell das grause Unheil lacht.

Sucht man es dann zu ersticken,
kann das manchmal zwar auch glücken,
meist jedoch da glimmt es heiter
unter dicker Decke weiter.

Bläst der Wind in Feuersglut,
diese Funken sprühen tut,
welche dann dorthin gelangen
können, wo sie Feuer fangen.

Brennt erstmal das Haus, die Stadt,
Löschkommando Arbeit hat,
welche, – ich sag's unbeschönt –
oft von Mißerfolg gekrönt.

Wird auf's Feuer eingedroschen,
ist es sicher bald erloschen
oder größrer Brand entfacht,
der wild lodert, Tag und Nacht.

Öl ins Feuer? Welch ein Schrecken!
Tut sich bis zum Himmel recken!
Selbiges im Heizungsofen
brennt ganz ohne Katastrophen.

Gießt man Wasser in das Feuer,
zischt und faucht es ungeheuer

und entwickelt Rauch und Dampf
in beschriebnem Todeskampf.

Brennt ein Wald? Oh wehe, wehe!
Arme Tiere in der Nähe!
Brandgestiftet gar aus Feindschaft,
stört die schönste Dorfgemeinschaft.

Bläst ein Sturmwind in die Glut,
man am besten gar nichts tut.
Sturm und Waldbrand, sag ich ehrlich,
sind nicht gerade ungefährlich.

Erst wenn alles ausgebrannt,
Feuersglut ein Ende fand.
Schwarz verkohlter Baum und Strauch
sind das Ende, Asche auch.

Feuer kennt noch andre Formen,
als bekannter Flammen Normen.
Durch den Draht saust's früh bis spät
als die Elektrizität.

Die kann – ach du lieber Himmel –
alles in Bewegung setzen,
von der Heizung bis zur Bimmel,
doch verbreitet auch Entsetzen,

wenn ein Kabel durchgeschmort ist,
gar als Blitz durch's Dach gebohrt ist
oder sie als Stromstoß zündet,
im Elektroschock begründet.

Auf dem Stuhl in USA,
wo die Todeskandidaten
sitzen und dem Tode nah
bei lebendgem Leibe braten,

dort ist Starkstrom gar vonnöten,
um die Gangster schnell zu töten.
Ob das richtig im Gebrauch,
ist die Frage, – doch geht's auch.

Tausendfach ist einzusetzen
dieses so beschriebne Feuer.
Kann in Freude uns versetzen
oder schrecken ungeheuer.

Atomare Feuerkraft
jedoch mehr Verheerung schafft,
als sie nützt mit Strom und Licht:
Gut für Bomben, Leben nicht.

Wollen wir zum Ende kommen:
Feuer ist ein heilig Ding!
Jedem bleibt es unbenommen,
daß sein Herz mal Feuer fing.

Brennt das Herz, dann laß es brennen
und die Feuerwehr nicht rennen!
Löschkommando bleibt zu Haus.
Liebesfeuer geht nicht aus!

Und steht gar der Geist in Flammen:
– Genius erwacht, der süße! –

Feuer, die vom Himmel stammen:
– Inspirationengrüße –

fallen nieder, lodern auf!
Himmel eint sich mit der Erden!
Er steigt ab und sie hinauf,
daß sie endlich eines werden.

Mit dem Feuer und dem Licht,
Freunde, bitte spielet nicht,
weil die höchste Feuersglut
dieses mit Euch auch nicht tut.

Spaziergang des Waldbesitzers

Ich ging im Walde so für mich hin,
und nichts zu suchen, das war mein Sinn.
Und so ward in langen Stunden
außer Wald auch nichts gefunden.

Ich zählte, so weit das ging, alle Bäume
und schätzte die Festmeter-Zahl,
gedachte berechnend umbauter Räume,
der Wald war im Grund mir egal.

Daß Bäume da standen, die Blätter hatten
und Nadeln und sonstwelches Grün,
und daß man im Sommer in ihrem Schatten
die Liebste ins Gras konnte ziehn,

war sicher ein nützlicher Nebengewinn.
So ein Wald, der ist schon was wert!
Ob das nun des Waldes letztendlicher Sinn?
Hab nie etwas anderes gehört.

Für das Wild ist er da! Für den Hasenbraten!
Für die Keule des Rehs mit Preiselbeeren!
Da brauch ich nicht rätseln, nicht rumzuraten,
sonst würde er mir nicht gehören.

Der Großvater pflanzte ihn einst, ganz allein.
Kein anderer war's als er, – und für mich
hat er's getan, drum ist der Wald jetzt mein
und bleibt es auch hoffentlich.

Ich liebe die Bäume! Ich lieb die Natur!
Schön ist es, wenn Vögelein singen!
Doch hör ich in ihrem Sange nur
das Geld in der Kasse klingen.

Gefällt ist der Wald? Ich laß ihn neu setzen.
Ein Wald für den Enkelsohn!
Doch seh beim Spaziergang ich voller Entsetzen:
Es sterben die Bäume ja schon!

Ich ging im Walde so für mich hin,
und nichts zu suchen, das war mein Sinn.
So hab ich in den langen Stunden
das eigne Ende nur gefunden.

Das Glück

Einst hätte Glück uns fast gestreift,
jedoch hat es uns eingeseift.
Es ist das Gegenteil passiert!
Der Bart ist ab, – ist abrasiert.

Mit Glück und Unglück ist jetzt Schluß!
Wir halten's mit Boethius.
Bei dem ist selbst ein Todesfall
noch für den Toten Glück im All.

Friedrich Frick

Er ritt auf einem schwarzen Pferd
durch schwarze Waldesnacht,
gesehen nicht, jedoch gehört:
Das Unterholz, es kracht.

Es schnaubt der Gaul,
es keucht der Reiter:
„Vorwärts! Nicht faul!
Nur weiter! Weiter!"

Bevor der neue Tag anbricht,
muß er die Botschaft bringen,
zum allerhöchsten Schwurgericht.
Es darf ihm nicht mißlingen!

Der Mädchenschänder Friedrich Frick,
den hat man festgenommen,

und nun erwartet ihn der Strick,
stets war er ihm entkommen.

Jetzt aber geht's ihm an den Kragen!
Den Kopf schon in der Schlinge,
darf er den letzten Wunsch aufsagen
und fragt, ob es nicht ginge,

statt ihn jetzt hier gleich hinzurichten,
das Opfer sich zum Weib zu nehmen.
Er müsse dem Gericht berichten,
es sei so häßlich, fast zum schämen!

Die hätte man nicht schänden können!
Des Teufels Muhme sei sie gar,
– alt, krank, ein Monster fast zu nennen,
daß seine Schändung Gnade war!

Die Richter und die Schöffen alle
hörten sich das schweigend an.
Der Henker blickte hin zur Falle,
die sich leicht öffnen kann.

So stand man ziemlich unentschlossen,
ob man den Wunsch gewähre.
Die ersten Sonnenstrahlen schossen
ins dunkle Himmelsleere.

Da hörte man ein lautes Rufen:
„Halt! Haltet ein! Henkt ihn noch nicht!
Zwar ist als Untat einzustufen
des Friedrichs Tat, Gericht,

doch hab ich hier den Brief der Muhme,
der Teufel selber gab ihn mir.
Sie will ihn lebend und zum Ruhme
der Hölle halten wie ein Tier.

Sie will ihn gar zum Werwolf machen,
zu einem Monster voller Schrecken.
Ich bin der Tod und kann nur lachen.
In seiner Haut möcht ich nicht stecken!"

Man gab dem Tod lebendig mit
den Mädchenschänder Friedrich Frick,
der bei der Muhme furchtbar litt.
– Er sehnt sich heut noch nach dem Strick.

Die Drachenburg

Im kleinen Städtchen Hachenburg,
im tiefsten Westerwald, da stand
und steht noch heut die Drachenburg,
weit leuchtend über's weite Land.

Einst wurde dort das Gold der Zähne
von Toten hingebracht.
Der Schloßherr, Heribert der Schöne,
ließ schmelzen es bei Nacht.

Im Felsenkeller aus Basalt
ließ er's Gesinde singen
und Feuer schüren, um so bald
das Gold in Fluß zu bringen.

Nie sah ein Knecht das Tageslicht,
niemals das Licht der Sonne,
und auch die Mägde sahen's nicht,
bekamen Gold zum Lohne.

Es gab hier Gold im Überfluß,
wie man sich denken kann.
Und bis zu aller Überdruß
häuften sich Berge davon an.

Ein jedes Ding war hier aus Gold:
vom Abort bis zum Bette.
Und jedem war der Reichtum hold
– man hätte glücklich sein gesollt –
wenn nichts gefehlet hätte.

Zwar wurden alle gut ernährt,
wie sich's bei Schwerarbeit gehört,
doch gab's kein Licht und Freiheit fehlte
und auch die Liebe, die beseelte.

So blieb die echte Freude aus,
ersetzt durch die Zufriedenheit.
Jedoch man machte sich nichts draus,
und Zahngold schmolz zu jeder Zeit.

Da keiner je das Glück gesehn,
war es auch nicht vermißt,
und in den Kellern konnte gehn,
wie es noch heute ist.

Im obren Stockwerk hat der Herr
des Schlosses Schulen eingerichtet.
Es bringt dem Nachwuchs vom Gescherr
bei, wie man das Gold der Zähne sichtet.

Er meint, voll Zukunft sei das Leben,
denn Tote wird es immer geben.
Ein einzges Risiko ist dann
der Zahnersatz aus Porzellan.

Klage nur, oh Rabe

Klage nur, oh Rabe, deinen rauhen Ton.
Mich kannst du nicht verdrießen!
Ich bin des Himmels ewger Sohn
und kann begrenztes Dasein schon
mit Ewigkeit begrüßen.

Klage nur, oh Rabe, das Lied vom Untergang.
Es kann mich nicht verdrießen!
Ich kenne einen Neuanfang.
Mir ist um dich nur, Rabe, bang,
wenn nach dir Jäger schießen.

Klage nur, oh Rabe, dein schwarzes Rabenleid.
Die Tränen nicht mehr fließen!
Das Ich ist tot! – Ich bin soweit!
Das Toten- ist mein Hochzeitskleid,
und ewges Dasein süßt die Zeit
und wird sogar das schlimmste Leid
durch Einsicht der Notwendigkeit,
der großen Unvermeidbarkeit,
und tröstend mir versüßen.

Der arme Frosch

Es war einmal ein Frosch,
der seine Frau verdrosch.
So wollte er erreichen,
sie sollte endlich laichen.

Er war unendlich kinderlieb,
doch da sie ohne Kinder blieb,
verlor an ihr er das Interesse
und nahm sich 'ne Mätresse.

Ihr klagte er von früh bis spät
sein Leid, das endlos weitergeht,
falls sie, wie's seiner Frau gefrommt,
nicht gleich sofort zum Laichen kommt.

Die aber sprach: „Laß dich erst scheiden,
um Erbansprüche zu vermeiden,
die deine Frau noch an dich hat."
Und sprang schnell auf ein andres Blatt.

„Ich kann den heiligen Bund nicht lösen!"
rief er. „Das tun doch nur die Bösen.
Ich kaufe dir die Kinder ab,
wenn ich sie erst gemacht dir hab."

„Nun denn", sprach da des Froschs Mätresse,
„an dem Geschäft hab ich Interesse.
Für jedes Kind ein Rosenblatt,
du kinderlieber Nimmersatt."

„Sei's!" sprach der Frosch in seinem Wahn
und fing mit der Begattung an.
Und sie fing an zu laichen.
Er tat die Brut bestreichen.

Es waren hunderttausend Eier.
Im tiefen Rausch und Liebesfeuer
hat er dieselben nicht gezählt.
Aus Überfluß besteht die Welt!

Heut ist nicht eine Rose mehr
sein eigen auf dem Teiche.
Und unser Frosch, der trauert sehr
den stillen Zeiten hinterher
in seinem einstgen Reiche.

Zwar ist der Kindersegen sein,
doch er ist arm und ganz allein.
Zu sagen hat er auch nichts mehr.
Der Teich ist voll, sein Herz ist leer.

Die Frau verhärmt. Das Wasser trübe,
von tausend Leibern aufgewühlt!
Das hat er von der Kinderliebe
– er hat sie nie gefühlt.

Er sieht dem bunten Treiben zu,
doch geht es ihn nichts an.
Verloren ist der Seele Ruh,
er ein gebrochner Mann.

So sitzt er an des Teiches Rand
und wird „der arme Frosch" genannt.
Nur seine Frau hält zu ihm fest,
und das gibt ihm den letzten Rest.

Der Prinz und die schönen Mädchen

Ein Prinz, der ganz allein,
wollt' einsam nicht mehr sein,
verließ das Heimatschloß vertraut,
um sich zu suchen eine Braut.

Da kam er in ein Städtchen
und traf drei junge Mädchen;
die waren alle wunderschön,
es war kein Unterschied zu sehn.

„Ich bin doch nicht von gestern",
sprach er, „ihr Drillingsschwestern!
Die wahre Liebe ist kein Spiel,
drei schöne Mädchen sind zuviel!"

„Nimm mich!" rief da die eine.
„Nein mich, weil ich sonst weine!"
rief da die zweite in der Mitte.
„Oh Prinz, nimm mich doch!" bat die dritte.

Der Prinz stand völlig ratlos da,
denn alle waren wunderbar
und edel, lieb und fein;
da fiel ihm plötzlich ein:

„Ich komme wieder über's Jahr,
und seid ihr dann noch wunderbar,
dann will ich eine frein,
die soll es nicht bereun.

Doch daß es keine je vergißt,
ich nehme die, die anders ist!"
Und damit zog er fort
zu seinem Heimatort.

Und so verging ein Jahr,
in dem er einsam war.
Dann zog er in das Städtchen,
zu treffen die drei Mädchen.

Die standen vor dem Vaterhaus
und sahen noch genauso aus.
Zwei riefen: „Prinz, mein Freund!"
Und eine hat geweint,

dem Prinzen Rücken zugekehrt,
weil er sie sicher nicht erhört.
Doch wie's im Leben ist,
die hat er dann geküßt!

Heut ist vom Königreich der Boß
der Prinz. Sie putzt das Schloß!
Und die Moral von der Geschicht:
Man wünsch sich einen Prinzen nicht!

Caffé Greco

Im Caffé Greco saßen wir,
ein wenig fremd, verloren.
So viele Geister waren hier.
Sind wir zu spät geboren?

Wo sind die Freunde neuer Zeit,
von neuen Seinsgesetzen?
Das abgetragene Menschenkleid
hängt schon herab in Fetzen.

Der Kellner – wie ein Fels im Meer,
umspült von flachen Wellen –
nimmt irgendwo ein Lächeln her.
Wir wollen eins bestellen!

Lebensmüde

Überall dieselbe Freude.
Überall derselbe Spaß.
Für die meisten aller Leute
ist Vorhandenheit schon das.

Das Woher und das Wohin
schert nicht und es kümmert kaum.
Fragen nach dem tiefren Sinn
sind ein dummer Kindertraum.

Doch was nützt das schönste Leben,
wenn es leiert wie ein Rad?
Hätt's mich lieber nicht gegeben,
wenn's nicht mehr zu geben hat!

Die „guten" Menschen

Gift und Galle möcht ich sprühen,
wenn ich gute Menschen sehe.
Und auch die sind mir nicht grün,
meiden meine Nähe.

Dabei bin ich gar nicht böse,
doch natürlich auch nicht gut,
und das macht, daß aus ich löse,
daß uns beiden kocht das Blut.

Habe nun gelernt zu zügeln,
Gift und Galle zu versprühen.
Schlage mit des Dichters Flügeln
ihre Güte, bis sie fliehen.

Seht! Dort sitzen sie und fragen:
„Warum hat er uns nicht gerne?"
Und ich hör mich leise sagen:
„Hab ich doch! – Nur aus der Ferne."

Zwei Feinde

Zwei dicke Knüppel stehen stets vor meiner Tür,
denn größer sind die Feinde nicht, die ich erwarte.
Blödheit und Tod, ich nenn sie hier,
bei denen ich mit Schlägen niemals sparte.

Sie haben oft im Leben mich besucht,
dazu noch unverhofft und immer ungebeten.
Ich habe sie bekämpft und wild verflucht
und werde sie – wenn sie nicht vorher mich – noch töten!

Die Schöpfer

Er blickte zum nächtlichen Himmel so gern
hinauf in den Weltenraum
und suchte im Dunkeln beliebigen Stern,
egal ob er nah war oder auch fern,
flog zu ihm in einem Traum.

Phantastische Welten erschuf er darauf,
Kulturen zukünftiger Zeiten,
und er ließ dem Erschaffenen seinen Lauf,
doch Gesetz war Gesetz, da paßte er auf!
Das durfte dort keiner bestreiten!

Zum Beispiel hatte er ausgedacht,
daß alles, was dort geschah,
als kausales Ergebnis das Gegenteil macht,
und als er das schuf, hat er leise gelacht,
denn er war seinem Schöpfer ganz nah.

Der Haß zeugte Liebe, die Freude den Schmerz,
und Tod brachte ewiges Leben.
Doch eins seiner Wesen, das faßte ein Herz
sich und forderte, anfangs halb nur im Scherz,
es wolle, wie er, geistig schweben.

Es wolle sich selbst eine Welt gestalten,
nicht leben in Dualitäten.
Er solle dabei nur als Aufsicht walten,
denn schließlich täte es viel von ihm halten
und manchmal sogar zu ihm beten!

Er hat es genehmigt, war einverstanden.
Es hat ihn sogar gefreut.
Seitdem die beiden zusammenfanden,
sind viele neue Welten entstanden,
und keine ward je bereut.

Es ist kein Geheimnis und auch zu vermuten,
wenn einer, der's kann, wen erschafft,
dann hat er den Willen, ob den bösen, den guten,
dem Erschaffenen irgendwann selbst zuzumuten,
zu werden die schöpfende Kraft.

Das Schweigen des Waldes

Das Herz ist leer.
Das Blut ist dünn.
Wo nimmt man her
den Lebenssinn,
der scheinbar nur darin besteht,
daß alles einfach weitergeht.

So wie es ist,
so ist es gut.
Kein Grund, daß man was Neues tut,
denn das ist in drei Tagen alt.
Seit Jahrmillionen schweigt der Wald.
Und wenn ich in die Runde seh,
geht alles so wie eh und je.

So überkommt mich denn ein Grausen!
Am liebsten würd zum Mond ich sausen,
von dort aus auf die Erde spucken
und in des Raumes Weiten gucken,
ob nicht von dort, so wie ein Wunder,
ein Feuer kommt, ein neuer Zunder,
der meinen Geist in Flammen setzt,
die trüben Schleier jäh zerfetzt
und Licht und Fortschritt mit Gewalt
sich Bahn bricht, wo sonst schweigt der Wald.

Die Tochter des Generals

Es war einmal ein General,
der hatte auch ein Ideal
von Größe, Weite, Neubeginn
mit einem tiefen Lebenssinn,
der klar und fest darin bestand:
Zuerst, da kommt das Vaterland!

Der Väter Art ward hoch geachtet.
Nach Ruhm und Ehre ward getrachtet.
Die Heldentat ward hell besungen
von allen Alten, allen Jungen.
Und der Maxime höchste ward,
zu schützen nur die eigene Art.

Und zweifellos war da was dran,
schön sah er aus, der starke Mann.
Auf Marmorsockel schöne Frau,
ästhetisch, kraftvoll und genau
so kühn wie er und auch so edel,
von nackter Sohle bis zum Schädel.

So blickte einst das Ideal
von dem besagten General
entgegen einer neuen Zeit
voll Kraft durch Freude, ohne Leid
und ohne Habgier und Kommerz,
ein stolzes, edles, starkes Herz.

Laut dröhnte es in seiner Brust,
dem Schlag zu lauschen, eine Lust:
„Rum-bum, rum-bum, rum-bum, rum-bum!"
Der Takt setzt in den Schritt sich um!
Und auf des Vaterlandes Straßen
erfaßt er schnell die Volkesmassen.

Es war ein Rausch, ein wildes Sehnen
nach neuen Werten, neuer Zeit,
und auch die Lavamassen nehmen,
wenn sie aus tiefem Berg befreit,
als glühende Naturgewalten
erst Formen an, wenn sie erkalten.

Bis das geschieht, ist wüst ihr Wüten.
Wer da im Weg steht, muß sich hüten,
zur Seite springen, emigrieren.
Wer das nicht kann, dem wird's passieren,
wie jenem Wald aus grünen Eichen,

der auf der Lava Weg gestanden:
verkohlte Stämme, schwarze Leichen
die Hinterbliebenen später fanden.

Der General, der hatte Glück.
Ihn traf des Todes Mißgeschick
nicht während und nicht nach dem Feuer,
ward zwar erschrocken, ungeheuer,
doch traf ihn nicht gerechter Lohn,
er kam mit einem Schreck davon.

„Was war passiert, was war geschehn?
Hat je man so etwas gesehn?
Es kann die hohe Sehnsucht doch
uns jagen nicht ins Höllenloch!
Die Kraft, die Schönheit, das Ideal
sind doch nicht teuflisch allemal!"

hat sich der General gesagt,
und weiterhin hat er gefragt:
„Was ist denn da nur falsch gelaufen?
Wir hätten eigentlich siegen müssen.
Gibt's einen Weg, die Welt zu kaufen?
Klar ist, daß wir sie kriegen müssen!

Ran an den Speck, die Ärmel hoch,
wenn's schon nicht mehr die Fahne ist!
So werden wir am Ende doch
mit etwas Pfiffigkeit und List
den andern zeigen, wer wir sind:
Und zwar Germanen, liebes Kind!"

Ja, so verstanden ist die Art

ein Ding, das unser Denken narrt,
dieweil es anderes nivelliert
und Vielfalt einfach reduziert
und Buntheit preßt in Uniform
und das Ideal verzerrt zur Norm,
die sicher das Bequemste ist,
doch dabei ganz und gar vergißt,
daß sie so sehr bedrückend ist.

Wie dem auch sei, der General
fand schnell ein neues Ideal:
Macht, Reichtum, dazu das Geschlecht
warn ihm als neues Ziel wohl recht.
Ist tot das Pferd, ist's bald vergessen,
auf neues Pferd wird aufgesessen.

Ab geht die Post mit ‚Hüh' und ‚Hott',
voran den Blick, und immer flott
sich angepaßt und hingedreht,
woher Tendenzchens Wind grad weht.
Ob Öl, ob Eisen, Kohle, Korn,
der Tüchtge hat die Nase vorn!

Was ist dagegen auch zu sagen?
Selbst eure Feinde könnt ihr fragen.
Die Einsicht stimmt seit eh und je:
ist prall und dick das Portemonnaie,
dann macht das Leben richtig Spaß,
ein richtiges Ideal ist das!

Doch bleibt das Leben niemals stehn.
Es muß ganz einfach weitergehn!
Ob mit Erkenntnis oder ohne,

das interessiert es eine Bohne.
Selbst Massenmörder leben gern
auf unserm schönen, blauen Stern;
vor allem, wenn sie unerkannt,
laut singend: „Schönes Vaterland!"
in hohem Amt und Würden stehn,
dann ist ihr Leben doppelt schön.
Der Irrtum an des Hebels Macht,
Karriere zum Ideal erwacht.

So brüllt der Dschungel allezeit,
und das Ideal in neuem Kleid
bringt nicht mit Lava die Zerstörung.
Subtiler ist nun die Verschwörung:
es strahlt Uran, und Dioxin
streckt schon die ersten Opfer hin.

Des Generales Töchterlein,
gar blond und jung und schön und fein,
sprach da zu ihrem Vater:
„Was soll denn das Theater?
Erst haut ihr alles kurz und klein
für Größe, Weite, Neubeginn.
Jetzt soll das Ziel das Wachstum sein,
ich sehe keinen Sinn darin!

Da müssen andre Werte her!
Natur und Frohsinn, lieber Vater!
Baumwollstrümpfe mein Begehr,
und man müßte viel rabiater
gegen die Faschisten stehn,
daß die endlich untergehn!

Einfach alle an die Wand,
das befreit das Vaterland!"

Des Vögeleins Tod

Es flog ein kleines Vögelein
– plumps! – an die Fensterscheibe.
Oh, daß ihm doch der Sonnenschein,
in dem es flog, verbleibe!

Es hielt in seinem Schnäbelein
den Kern der Sonnenblume.
Im Tode hielt das Vögelein
noch fest die letzte Krume.

Ach, blieb ihm doch, was es begehrt!
Der Freiheit Sonnenbrot!
Auf daß der Himmel ihm beschert,
was ihm grad nahm der Tod!

Das Nachmittagsschläfchen

In einem Alter, wo's angehn mag,
daß einer mal schläft schon am Nachmittag,
fiel er erschöpft vom irdischen Tun
auf's weiche Bett, um sich auszuruhn.

Er träumte, er stünde auf einem Hügel.
Durch's Haar blies ein frischer Wind.
Und plötzlich wuchsen ihm weiße Flügel,
wie einem Himmelskind.

Mit ihnen erhob er sich hoch in die Lüfte,
schlug kraftvoll die weißen Schwingen
und atmete süße, erfrischende Düfte,
die geistige Freiheit bringen.

In der Tiefe zurück blieb das Gewimmel
der nützlichen, fleißgen Gedanken.
Am unbegrenzten, inneren Himmel
da kannte man keine Schranken!

Ein Aufwind trieb ihn höher und höher,
den träumenden Seelenflieger.
Sein Blick wurde weit. Er ward zum Seher,
dem seltenen Zeitbesieger.

Er sah in die weiteste Ferne
mit einem einzigen Blick,
den Anfang all dieser Sterne,
des Endes unendliches Glück.

Dann schlug eine Tür. Es bellten die Hunde,
und Stimmen erfüllten den Raum.
Zu Ende war die Mittagsstunde
– und ebenso auch der Traum.

Apokalyptischer Rat

Schlagt doch, daß die Fetzen fliegen,
auf den Stoff der Schöpfung ein.
Denket auch daran zu siegen.
Es wird euer Ende sein.

Spaltet die Naturbausteine,
bohrt die Sonde in das All.
Seele findet ihr so keine,
nur das AUS für diesen Ball.

Greift nach DNS und -A.
Tummelt euch zum Nutzen
darin rum. Für ein AHA!
darf man sie beschmutzen.

Macht euch doch zu Gen-Mutanten.
Zeit ist reif dafür.
Testet nicht die Artverwandten,
zahlet selber die Gebühr.

Dicker, größer sollt ihr werden.
Köpfe wie die Freiballons
kriegen. Freudig hier auf Erden
leben von Chemie-Bonbons.

Und dann sollt Ihr euch vermehren,
pausenlos, milliardenfach.
Doch Ihr dürft euch nicht beschweren,
wenn die Welt zusammenkracht.

Von der Erde viele Grüße!
Richtet euch gemütlich ein.
Tretet euch auf eure Füße:
schön ist's, menschlich nah zu sein!

Geht die Nahrung dann zu Ende,
freßt euch selbst in eurer Gier.
Menschheit wird so zur Legende,
wie ein ausgestorbnes Tier.

Schlagt doch, daß die Fetzen fliegen,
auf den Stoff der Schöpfung ein.
Denket auch daran zu siegen.
Es wird euer Ende sein.

Oder wandelt zart und leise,
staunend auf der Welt herum.

Geht sensibel, möglichst weise
und auch gnädig mit ihr um.

Lebt nicht wie die Laus am Affen.
Jucken, Saugen und das Beißen
kann sie leicht vom Hals sich schaffen:
wird sich's Kleid vom Leibe reißen.

Kirschernte

Ich danke dir, du schöner Ast,
daß du mir standgehalten hast.
Ich danke dir, du schöne Leiter,
du halfst mir wirklich ein Stück weiter.
Ich danke dir, du schöner Baum,
mit deinen Kirschen, wie ein Traum:
so rot, so reif, so saftig süß,
daß ich vergaß, daß ich mich stieß,
als ich ins Haus die Ernte brachte
und mit dem Kopf ans Türbrett krachte,
das ohne Zweifel und ganz klar
aus Kirschbaumholz gefertigt war.

Das Übergute

Es ist so mancher Bösewicht
so böse, wie er aussieht, nicht,
und man hat ebenfalls gehört,
desgleichen stimmt auch umgekehrt.

So manche fromme Heiligkeit
ist oft zu bösem Streich bereit.
Und manches Bösen Schreckenstaten
zu gutem Zwecke hingeraten.

So ist uns allen sonnenklar,
daß Gut und Böse wandelbar,
denn hinter jedem sich versteckt
das Gegenteil, und das bezweckt,

uns Größeres noch zuzumuten,
als Böses oder Gutes kann.
Es zwinget uns zum ÜBERGUTEN!!!
Man hör sich das nur an!

Und die Moral von dem Gedicht:
Man saus ins Überböse nicht!

An mein Liebchen

Man müßte zum Leben erwachen,
zum Leben in freier Manier,
und nichts mehr anderes machen,
als leer sein, wie weißes Papier.

Die Musen müßten uns küssen,
die Stirn, den Mund und das Herz,
und reimend uns sagen müssen,
wie Freude verwandelt den Schmerz.

Man müßte zum Leben erwachen,
zu allem was war, ist und wird,
auf Erden ein Feuer entfachen
der Einsicht, daß keiner mehr irrt!

Man müßte zum Leben erwachen,
zum Leben in Indentität!
Wir alle müßten das machen.
Vielleicht ist es noch nicht zu spät.

Es kräht hier der Hahn auf dem Miste,
die Hühner, sie gackern so laut.
Komm zu mir mein Liebchen, dann biste
kein Weib, sondern himmlische Braut.

Die Schäfchen der Mona Lisa

Zwei weiße Schäfchen weiden auf der Wiese,
des Nachts im Silbermondenschein.
Das eine nennt man Mona, das andre ist die Liese;
sie sollen Eigentum der Mona Lisa sein!

Sie sind so traut, so zärtlich und so zahm!
Voll Heiterkeit und Unschuld ist ihr Wesen,
daß auf die Lippen mir ein Lächeln kam,

das fort in mir die dunkle Schwermut nahm,
die sich davonschlich voller Scham.
So ward mein Herz genesen!

Nun kann des Raubtiers Rachen nicht mehr schrecken!
Ein Spiel nur ist er und nicht mehr!
Denn hinter seinen Zähnen dort verstecken
die Weisheit sich und auch der Liebe Meer!

Auf meinen eignen Lippen hat gelegen
des Lächelns tiefster und geheimnisvollster Grund.
Des Todes Unvermeidbarkeit? Von wegen!
Unsterblich ist der Seelenliebe Bund!

Das Schäfchen

„Mäh –," ruft das Schaf.
Ich rufe „Mäh" zurück,
und weil den rechten Ton ich traf,
blickt auf und her zu mir das Schaf,
und unsre Augen treffen sich im Glück.

Für's Schäfchen einen Unterstand
hab ich gebaut, aus frischen, hellen Brettern.
Ins Trockne hab ich es gebracht, es fand
in dem besagten Unterstand
Zuflucht bei regnerischen Wettern.

Im Sommer, wenn die Bienen summen,
wird es geschoren und die Muhme läßt
im Winter dann ihr Spinnrad brummen.

Mit ihren alten Fingern, diesen krummen,
dreht sie den Faden, und sie hält ihn fest.

Es wird der Faden, den Ariadne einst besaß
und den sie legte durch das Labyrinth
und den ich brauche! Aber nicht zum Spaß!
Es geht ums Leben und auch darum, daß
ein jeder sieht, wie wichtig Schäfchen sind.

Fragerei

„Wo bist Du?" hat er sie gefragt.
„Na hier!" hat sie zu ihm gesagt.
„Und wo ist hier?" fragt er sie da.
„Na hier im Haus! Das siehst Du ja!"
„Wo ist das Haus? Ich mein', wo steht es?"
„Im Dorf, Du Narr! Nicht anders geht es.
Wenn so ein Hausbau mal geglückt,
es keiner von der Stelle rückt."
„Wo ist das Dorf? Kannst Du's mir sagen?"
„In Deutschland! Kannst Du jeden fragen."
„Und wo ist das, mein lieber Schatz?"
„Hat in Europa seinen Platz!"
„Aha!" sagt er. „Gewiß, gewiß!
Und weißt Du, wo Europa ist?"
„Natürlich", sagt sie, „auf der Welt!
Da könnt ich wetten um viel Geld."
„Na gut", sagt er. „Doch wo ist die?"
„Fliegt um die Sonne, frag nicht wie!
Mit acht Planeten tut sie das.
Es scheint sogar, es macht ihr Spaß.

Sie tut das schon seit Ewigkeiten.
Der Mond tut sie dabei begleiten."
„Wo aber findet alles statt?"
fragt er sie da, der Nimmersatt.
„Im All, das weißt Du doch, Du Dummer.
Die Fragerei macht mir schon Kummer.
Worauf willst Du denn bloß hinaus?
Ich hab zu tun noch im Haus!"
„Wo ist das All?" fragt unbeirrt
er sie, die langsam schon verwirrt.
„Wo ist das All! Das All! Das All!"
sagt unwirsch sie. „Na überall!"
„Du auch?" fragt er und lacht sie an.
„Na klar!" sagt sie, „mein lieber Mann!
Hast Du denn das noch nicht gewußt?
Nur alles sein ist wahre Lust!"

Der Hase

Vom Hasen einen schönen Gruß:
Er wäre doch kein Hasenfuß,
nur weil er aufspringt, hüpft und flieht,
wenn er den grünen Jäger sieht.

Wer bleibt schon sitzen, wenn es knallt
im sonst so friedlich stillen Wald,
wenn Flintenschusses bleiern Schrot
mit tausend Kugeln bringt den Tod.

Dann heißt es los! Mit Zick und Zack
und einem Fluch auf's ‚Menschenpack',
das mit dem Kreiselmäher kam,
der Frau, dem Kind das Leben nahm.

Nun will man ihm ans Hasenleder.
Angst ist Vernunft! Da flieht doch jeder!
Wer will denn schon als Hasenbraten
in einen dicken Bauch geraten?

So denkt der Hase, schnell und schlau.
Jetzt geht's ums Ganze! Ganz genau!
Die Menschenwittrung in der Nase
springt er auf eine Bundesstraße.

Es macht kurz ‚peng'! Dann ‚bums'! Dann ‚krach'!
Ein Blitz zuckt unterm Schädeldach!
Dann macht es ‚quietsch' und ‚brumm' und ‚tut',
und dann spritzt warmes Hasenblut.

Ich hab den Hasen liegen sehn.
Der Anblick war gewiß nicht schön.

Platt war er – wie des Briefes Marke –
gewalzt, der Kluge, Schöne, Starke,

der gar als glückverheißend galt,
ein Elsternfraß der Straße bald,
ein Haufen Dreck auf dem Asphalt.
Ach, käm des Himmels Antwort bald!

Verzweiflungsgesang
(nach der Melodie: „Es krähet der Hahn")

Wachet auf! Wachet auf!
Es nahet die Nacht!
Bald werden wir alle umgebracht!
Wachet auf! Wachet auf!
Es ist höchste Zeit!
Die Erde verliert ihr lebendiges Kleid!

Es schleichen die Mörder mit Frack und Krawatte
herum, und ihr sitzt noch bei eurer Debatte,
wer alles begleicht, wer alles bezahlt
und ob es brennt oder strahlt.

Wachet auf! Wachet auf!
Es nahet die Nacht!
Bald werden wir alle umgebracht!
Wachet auf! Wachet auf!
Es ist höchste Zeit!
Die Erde verliert ihr lebendiges Kleid!

Doch soll's mich nicht stören, daß Taube nicht hören
und Blinde nicht sehen und Lahme nicht gehen.
Soll die Welt untergehn! Selbst das ist noch schön!
Und es hat seinen Sinn, haut es anders nicht hin.

Spaziergang

Erst peitscht der Regen ins Gesicht,
dann schießen Pfeile mir aus Licht
in regennasse Augen.
Der Wiesenweg führt in den Wald,
die Sonne wärmt, der Wind ist kalt;
zu was soll das nur taugen?

Erst ging ich hin und dann zurück.
War es Strapaze oder Glück,
so ohne Sinn zu gehen?
Ein Hase sprang durch's nasse Gras.
Ich tat's ihm nach mit großem Spaß,
und keiner tat mich sehen.

Die Schuhe naß, die Füße kalt,
so kam zurück ich aus dem Wald
ins warme, feste Haus.
Die nassen Kleider aufgehängt,
und unbeschadet, ungekränkt
trat schnell ich wieder raus.

So stand ich nackt im Sonnenregen
– und Licht lag auf den Waldeswegen –
zum Sterben fast bereit.
Da kam vom Himmel angeschwebt
ein leuchtend Kleid aus Licht gewebt,
ein Gruß aus andrer Zeit.

113

Abenddämmerung

Es senkt der Abenddämmrungsschein
sich über Feld und Wald.
Ein Reh zieht witternd Düfte ein.
Still liegt der grüne Waldeshain,
bis daß die Büchse knallt!

„Was war das?" zuckt es durch das Wild.
Dann bricht es in die Knie
und Nacht herein. Ein dunkles Bild:
Es ist der Mordlust Durst gestillt
für den Moment, und Nacht umhüllt
den Jäger und das „Vieh".

Der Friedhelm

Der Friedhelm ist ein Bösewicht!
Ihn kümmern andre Wesen nicht.
Er kennt nur sich, nur sich allein,
und deshalb muß er einsam sein.

Der Friedhelm ist gar stolz und klug,
doch ist ihm dieses nicht genug.
Bekommt er etwas, will er mehr.
Ein Nimmersatt, ja das ist er!

Der Friedhelm hat nicht einen Freund,
obwohl es viele gut gemeint.
Die Liebste hat er fortgejagt
und niemals mehr nach ihr gefragt.

Der Friedhelm kennt nur seinen Willen,
und den will er partout erfüllen!
Gelingt das nicht, dann will der Tropf
durch dickste Wände mit dem Kopf.

Der Friedhelm meint, der Herr zu sein,
über sich selbst, und er allein,
er wüßte alles und noch mehr.
Er ist ein großer An ge ber.

Der Friedhelm übt sehr gerne Spott
und denkt, er wär der liebe Gott.
Er betet reine Kraft nur an
und nennt sich einen starken Mann.

Der Friedhelm fühlt kein einzges Mal
den Schmerz der andern und die Qual,
die er verbreitet durch den Zwang,
ihm nah zu sein – ein Leben lang.

Der Friedhelm ist zwar kerngesund,
doch zynisch zuckt's um seinen Mund,
wenn jemand leidet, gar zerbricht.
Bei ihm zählt Stärke, Schwäche nicht.

Der Friedhelm hat das Maß verloren.
Es ist, als wär ein Wolf geboren,
der mordend durch die Lande zieht,
um umzubringen, wen er sieht.

Der Friedhelm, der geht über Leichen.
Wer ihm im Weg steht, der muß weichen.
Der Friedhelm ist in arger Not!
Es wäre besser, er wär tot!

Der Friedhelm ist vom Größenwahn
gepackt. Man sieht es dann,
wenn eitel er vorm Spiegel steht
und zu sich selbst sagt: „Majestät!"

So kann's mit ihm nicht weitergehn!
Man hat schon Angst, ihn anzusehn!
Die Seele muß arg krank wohl sein
in diesem grausen Frankenstein!

Der Friedhelm ist des Todes Macht.
Er ist des Geistes schwarze Nacht.
Er ist das Nein, das Nichts, das Leer.

Oh, Friedhelm! – Mach es nicht so schwer!

Wer kann ihm helfen!? Wer nur? Wer!?
Hier muß ein echtes Wunder her!
Ein Stoßgebet zu jenem Gott,
der größer ist als aller Tod.

Laß ab, du wildgewordnes Tier!
„Ab! In die Hütte!" sag ich dir.
„Mach Platz und Kusch und Sitz, du Laus!
Man hält dich nicht mehr länger aus."

Ein Stoßgebet als Hilferuf
zu jenem Gott, der ihn erschuf.
Wenn das nichts nützt, dann muß er fort.
Die Welt ist nicht der richtge Ort

für so ein böses Ungeheuer! –
Dann muß er in das Höllenfeuer.
Dann muß er für die tausend Qualen,
die zugefügten, ewig zahlen!

Der Friedhelm aber spricht: „Na, na!
Ich bin das Nichts, doch ihr seid da.
Und hört nun, was ich weiter spreche,
bevor ich euch die Knochen breche:

Denkt einen Punkt euch ohne Fläche:

•

Es ist unmöglich! – Seht ihr's ein?
Ein jeder muß auch Friedhelm sein!"

Und die Moral von der Geschicht:
Man richte besser lieber nicht.
Und doch hat alles seinen Wert.
Die Frage ist, wohin's gehört.

Bei Friedhelm ist der Rat nicht teuer:
Der muß ganz klar ins Höllenfeuer.

An die Nacht

Oh, schwarzer Schleier
auf finstrem Gemüt,
verbrenne im Feuer,
das in die Zukunft sieht!

Oh, dunkles Denken,
du schwarzer Falter,
ich werde dich lenken
ins lichtvolle Alter.

Oh, Tod in der Wiege,
Kumpan jeder Zeit,
du siehst wohl, ich schmiege
mich an die Wangen der Ewigkeit.

Befreiungstraum

Es wiegt im Winde sich der Wald.
Die Sonne scheint, die Luft ist kalt,
der Himmel leer und himmelblau,
die Gräser trocken, ohne Tau.
Die Vöglein zwitschern alle froh.
Ich lieg im Grase, – einfach so.
Der Hund streckt wohlig sich im Schatten.
Die Kuh kaut wieder, was sie fraß.
Ich denke an die Heldentaten,
die ich zu tun einst vergaß.

Lang ist die Fahne eingerollt.
Auch das Ideal hat sich getrollt.
Es ist der lose Wert entdeckt,
der selbst im großen Denken steckt.
Ich weiß, daß eine Heldentat
im Grunde nichts zu sagen hat,
denn alles, was der Gott gemacht,
hat er in Kleinarbeit vollbracht.
Und wer ins Lexikon mal guckt,
sieht Heldentaten abgedruckt.

Was bleibt, ist ab sofort dem schönen
und allerliebsten Nichtstun frönen,
zu denken, daß des Stoffes Ketten
mich gar nicht mehr gefesselt hätten,
auf Schmerz und Freude auszuspucken
und in den blauen Himmel gucken,
ganz ohne Hoffnung, ohne Sehnen,
auch ohne Lachen, ohne Tränen,

im Geist versunken sein und nun
gar nichts mehr tun als auszuruhn.

Sollte dennoch mal geschehen,
daß ich die Partei ergreife,
nenn ich dieses ein Versehen,
ziehe eine Geistesschleife,
kehr zurück an heilgen Ort:
Alles da! – Und alles fort.

Frei sein! – Das ist wunderschön!
Frei sein! – Nicht in Ketten gehn!

War da einer, welcher lachte?
Ich erwachte davon sachte:
von Befreiung nichts zu spüren.
Ketten rasseln beim Berühren.

Und es sprach der liebe Gott:
„Weiter geht's im alten Trott.
Aufgestanden! Und dann weiter
auf der langen Lebensleiter.

Willst dich wohl vor Arbeit drücken,
durch Entrückung dich beglücken?
Kampf ist Leben! Leben Kampf!
Helden brauchen Pulverdampf!"

Sprach ich: „Will kein Held mehr sein!
War bestimmt schon einmal einer.
Helden sind so sehr allein,
und ich glaube obendrein,
heute auch viel kleiner."

Mir zum Ruhme, mir zum Spott? –
Schwieg darauf der liebe Gott.

Die Seele und der liebe Gott

Seele: Einmal von Dir berührt!
       Das langt für's ganze Leben!
       Bei mir hat es dazu geführt,
       nun gänzlich abzuheben!

Gott: Bleib auf dem Teppich, lieber Freund.
      Flieg niemals ohne ihn!
      Sonst – und das ist nicht bös gemeint –
      sonst landest du, mein lieber Freund,
      dort, wo ich gar nicht bin.

Seele: Wo soll das sein? Wo Du doch alle Welt durchdringst,
       und wo Du durch des Teufels Mund noch
       Dir selbst zum Lobe singst?

Gott: In dir, mein Freund. In deines Egos Kern.
      Das ist der schwarze, von mir benutzte,
      jedoch gemiedne Stern.

Künstlertraum

Ich danke euch für's volle Haus
und für den tosenden Applaus,
für's kleine Liedchen, das ich sang,
und das doch, ach, so kläglich klang.

Was wollt ihr denn nur dann noch machen,
wenn ich die frohe Hymne sing.
Es wird das Haus zusammenkrachen,
weil's vor Begeistrung Feuer fing.

Hymne
(nach der Melodie des Deutschlandliedes)

Mutter Erde! Mutter Erde!
Alt und jung zu jeder Zeit!
Mach, daß endlich Frieden werde,
und beende Haß und Streit.
Alle Völker, alle Rassen,
alle Pflanzen und Getier,
alle Land- und Meeresmassen
sind doch liebe Kinder dir.

Große Zeit und großer Raum,
riesenhafter Sonnenball,
laß uns träumen wachen Traum,
daß wir Brüder sind im All!
In der Nächte tiefem Dunkel
leiden wir schon lang genug.
Seht, wie hell die Sterne funkeln!
Zeit ihr Licht zur Erde trug.

Morgenröte des Erkennens
treibt die Nacht uns aus dem Geist.
Das Erkannte, wir benennen's,
daß es jeder morgen weiß:
Froh zu leben, tief zu lieben
sei von nun an ganz normal.
Klein wär's, wenn wir ewig blieben
patriotisch national.

Inhalt

	Seite
Flötentöne	5
Der Krötenkönig	6
Der falsche Stolz	8
Gebet eines rheumatischen Millionärs	9
Freiheit	10
Der weise und der reiche Mann	11
Todmüde	12
Familie im Herbst	15
Mitternacht oder Der Geist der Stille	16
Der arbeitslose Totengräber	17
Bewußtes Leben	19
Winter im Westerwald	20
Der freie Knabe	21
Der Baum und der Wald	24
Der Todesengel oder Das ewige Leben	25
Das verlorene Ideal	26
Lebensautomatismus	27
Die Vögel zwitschern in den Zweigen	27
Tierische Liebe	28
Wahre Liebe	29
Nächstenliebe	30
Annährung an die Wahrheit	31
Der reuige Räuber	33
Das Lebenstor	34
Der humorvolle Krieger	35
Der Schäfer und die Schafe	36
Frieden	37
Die Evolution	38
Das Nest	42
Die Rose	43

	Seite
Die geistige Wüste	44
Späte Liebe	45
Lebensfragen	47
Katz und Maus	48
Klagelied	50
Vorfrühling	52
An Hermann Hesse	53
Das Ohr der Stille	54
Anrufung der Leda nach Schwerelosigkeit	55
Sternenhimmel, hoch und klar	56
Der Krokus	57
Mir geht es wie den Tauben	58
Die deutsche Volksseele	59
Rom	60
Der goldene Hut	61
Die bittere Medizin	62
Der Trunkenbold	63
Verzweiflung	66
Unerträglich wird das Leben	67
Die Rationalität	68
Flugversuche	69
Der Überwanderer	70
Das Feuer	71
Spaziergang des Waldbesitzers	76
Das Glück	78
Friedrich Frick	78
Die Drachenburg	81
Klage nur, oh Rabe	83
Der arme Frosch	83
Der Prinz und die schönen Mädchen	86
Caffé Greco	88
Lebensmüde	88

	Seite
Die „guten" Menschen	89
Zwei Feinde	89
Die Schöpfer	90
Das Schweigen des Waldes	92
Die Tochter des Generals	93
Des Vögeleins Tod	99
Das Nachmittagsschläfchen	100
Apokalyptischer Rat	101
Kirschernte	104
Das Übergute	104
An mein Liebchen	104
Die Schäfchen der Mona Lisa	105
Das Schäfchen	106
Fragerei	107
Der Hase	109
Verzweiflungsgesang	111
Spaziergang	112
Abenddämmerung	114
Der Friedhelm	115
An die Nacht	119
Befreiungstraum	120
Die Seele und der liebe Gott	123
Künstlertraum	123
Hymne	124

Im selben Verlag sind erschienen:

DER WOLF UND DAS SCHAF
ein Märchen der Versöhnung
von Gegensätzen
26 S., 16 farb. Abbildungen
ISBN 3-9802361-0-2

FEDERLEICHT
erstaunliche Gedichte
für Kinder und Erwachsene
34 S., 17 farb. Abbildungen
ISBN 3-9802361-1-0

DIE WUNDERSAME REISE ZUR MILCHSTRASSE UND ZURÜCK
ein gereimtes Märchen der Sehnsucht
nach einer besseren Welt
80 S., 78 farb. Abbildungen
ISBN 3-9802361-2-9

ROSENTHOMAS UND WERWOLFWILLI
eine Gruselgeschichte in Reimen
mit tiefenpsychologischen Einblicken
56 S., 82 schw.-weiße Abbildungen
ISBN 3-9802361-3-7

MAUSEKATER UND KATZENMAUS
eine Geschichte in Reimen
über die Grundfragen des Lebens
96 S., 61 farb. Abbildungen
ISBN 3-9802361-4-5